Haftungsausschluss:

Die Ratschläge im Buch sind sorgfältig erwogen und geprüft. Alle Angaben in diesem Buch erfolgen ohne jegliche Gewährleistung oder Garantie seitens des Autors und des Verlags. Die Umsetzung erfolgt ausdrücklich auf eigenes Risiko. Eine Haftung des Autors bzw. des Verlags und seiner Beauftragten für Personen-, Sach- und Vermögensschäden oder sonstige Schäden, die durch die Nutzung oder Nichtnutzung der Informationen bzw. durch die Nutzung fehlerhafter und/oder unvollständiger Informationen verursacht wurden, ist ausgeschlossen. Verlag und Autor übernehmen keine Haftung für die Aktualität, Richtigkeit und Vollständigkeit der Inhalte und ebenso nicht für Druckfehler. Es kann keine juristische Verantwortung und keine Haftung in irgendeiner Form für fehlerhafte Angaben und daraus entstehende Folgen vom Verlag bzw. Autor übernommen werden.

Sollte diese Publikation Links auf Webseiten Dritter enthalten, so übernehmen wir für deren Inhalte keine Haftung, da wir uns diese nicht zu eigen machen, sondern lediglich auf deren Stand zum Zeitpunkt der Erstveröffentlichung verweisen.

Bibliografische Informationen der Deutschen Nationalbibliothek
Die Deutsche Nationalbibliothek verzeichnet diese Publikation in der Deutschen Nationalbibliografie; detaillierte bibliografische Daten sind im Internet über http://dnb.dnb.de abrufbar.

1. Auflage 2024
© 2024 by Remote Verlag, ein Imprint der Remote Life LLC, Powerline Rd., Suite 301-C
33309 Fort Lauderdale, Fl., USA
Alle Rechte vorbehalten. Vervielfältigung, auch auszugsweise, nur mit schriftlicher Genehmigung des Verlags.

Projektmanagement: Li Töppe
Lektorat: Annika Gutermuth
Korrektorat: Markus Czeslik, Luise Hartung
Umschlaggestaltung: Verena Klöpper
Satz und Layout: Verena Klöpper
Illustrationen Cover und Innenteil: Verena Klöpper
Buchmentoring: Svenja Hirsch

ISBN Print: 978-1-960004-43-7
ISBN E-Book: 978-1-960004-44-4

www.remote-verlag.de

CORINNA MARIA PFITZER

FRAG DEINE *Intuition* UND DU KENNST DEINEN WEG

Entscheidungsfindung und Selbstverwirklichung in deinem Business

www.remote-verlag.de

INHALTSVERZEICHNIS

Einleitung	6
Denken allein reicht nicht	**14**
Dein Status quo funktioniert nicht mehr	16
Keine Angst vor der Angst	18
Die Wahrheit in deinem Herzen	22
Wie aus Intuition Liebe und ein Business wurden	27
Dich selbst verstehen	**32**
Vernunft = Verstand + Intuition	34
Die Hierarchie in uns	50
Game-Changer Intuition	68
Ein Plädoyer für deine Selbstführung	87
Der Weg nach innen	**94**
Dein wahres Selbst	96
Wie du zwischen Kopf und Herz unterscheidest	107
Die Kennzeichen deiner Intuition	114
Wie deine Intuition mit dir spricht und wie nicht	132
Der Intuitionskontakt	167
Praktische Anwendung deiner magischen Intuition	191

Selbstverwirklichung in deinem Business — 224

Wie ein ganzherziges Business mit Intuition entsteht — 226
Erschaffung des Neuen — 229
Nutze die Intuition konkret und praktisch — 230
Mache deine Intuition zur Co-Chefin — 236

Schluss — 242

Deine Intuition ist Ratgeberin, Heilerin und Erfüllungsgehilfin — 244
Ich bin dankbar für dich! — 247

Über die Autorin — 250

Lust auf ein Reading? — 252

Literaturnachweis — 253

EINLEITUNG

»Erfahren Sie nun, warum es zu der Trennung kam und wie sich der Rosenkrieg des Promipaares aktuell zuspitzt. Unsere Kollegin hat die Details.« Gebannt starre ich in den Fernseher: Oh, sind die beiden also schon wieder getrennt? Nicht, dass es mich interessieren würde. Ich bemühe mich einfach krampfhaft, nicht an morgen zu denken. Morgen ist Montag. Mehr nicht. Doch der Gedanke an Montag reicht aus, um mich depressiv werden zu lassen. Mist. Schon wieder daran gedacht. Es ist Sonntag und ich sehe mir Klatsch und Tratsch im Fernsehen an. Jetzt ist alles gut. Alles ist gut. Morgen ist noch weit weg. Wobei noch nicht mal der Montag so schlimm ist. Vielmehr das, wofür Montage stehen. Montage stehen für eine Woche. Die Woche steht für einen Monat. Der Monat steht für ein Leben. Ein Leben, das ich mir so sehr gewünscht habe. Und jetzt merke ich, dass ich nicht mag. »Alles ist toll«, versuche ich mir einzureden. Schließlich habe ich alles bekommen, was ich mir vorgenommen habe.

»Frau Professor, wie schreibt man ›Karriere‹, bitte?« Mein zwölfjähriges Ich baut sich schüchtern-selbstbewusst vor der Kunstlehrerin auf. Das große gelbe Blatt, das mir bis zur Hüfte reicht, vor mir. Wir sind aufgefordert, eine Collage zu gestalten. Darüber, was wir werden wollen, wenn wir groß sind. Lange Zeit sitze ich da, während meine Sitznachbarin schon Stethoskope und Arztkittel auf ihr Blatt klebt. Es gibt so vieles, was ich werden möchte. Lehrerin. Natürlich Lehrerin. Meine Mama ist eine und auch Papa wollte mal diesen Berufsweg einschlagen. Aber Lehrkräfte müssen sich mit vielen unkooperativen Eltern auseinandersetzen. Dann doch lieber Rockstar. Oder Primaballerina. Auf der Bühne stehen. Wobei Schriftstellerin auch schön wäre. Geschichten ausdenken und so. Endlich! Der Geistesblitz. Ich will Karriere machen, wenn ich groß bin. Zugegeben, so ganz genau weiß ich nicht, was man macht, wenn man Karriere macht. Aber im Fernsehen, da gibt es diese Menschen, die so extravagante Bezeichnungen unter ihren eingeblendeten Namen haben. Das sind Karrieremenschen. Sie wirken so souverän, so sicher. Das sind Menschen, die vorangehen. Die anderen den Weg weisen und einen Beitrag leisten. Sie können so viel Gutes bewirken. So jemand will ich auch werden! Ein großes gelbes Blatt Papier. In der krakeligen Schönschrift einer Zwölfjährigen das neu gelernte Wort Karriere quer darüber. Mehr nicht. Kein Punkt. Keine Zeichnung. Kein Bild. Was ist das Stethoskop eines Karrieremenschen? Smartphones gab es damals noch nicht. Monatelang hängt dieses Blatt neben dem Eingang zum Zimmer der Lehrkräfte. Somit ist es beschlossene Sache: Karriere.

20 Jahre später. Karriere. Und ich mittendrin. Am Montagmorgen heule ich in meinem Auto, als ich das Lied *Holding Out for a Hero* lautstark in Dauerschleife von meiner *Shrek 2*-CD abspiele. Einen Hero könnte ich jetzt auch gut gebrauchen. Jemanden, der oder die den Zauberstab schwingt und mich aus meinem Elend erlöst. Nichts ist schlimm. Doch alles macht mich unglücklich. Darf ich das so empfinden? Darf ich unglücklich sein, obwohl doch vermeintlich alles perfekt ist? Im Kopf rattere ich meine Argumente »pro Glücklichsein« durch: Mein Chef ist wunderbar. Mehr Mentor als Vorgesetzter. Immer wohlwollend. Mein Team ist warmherzig und unterstützend. Die Kolleginnen und Kollegen wertschätzend. Meine Umsätze wachsen zweistellig. Eine Selten-

heit in der gesättigten Lebensmittelbranche. Ich erhalte neue Verantwortungsbereiche. *Karriere.* Wirklich alles, was ich mir jemals erträumt habe, hat sich erfüllt. Alles? Nun ja, nicht ganz. Ich bin nicht glücklich. Wie konnte das passieren?

Wenn ich ehrlich mit mir bin, dann wusste ich es bereits während des Studiums. Ich wusste, dass ich keine Managerin werden will. Nicht in diesem Bereich tätig sein will. Doch ich habe mich für Karriere und die Vorstellung der souveränen und toughen Karrierefrau entschieden. Jetzt gilt es, das Studium durchzuziehen. Schließlich fehlt mir komplett die Alternative. Und ich muss doch etwas tun. Das Karrieremonster in mir hat Hunger. Ich habe es angelockt. Jetzt will es gefüttert werden. Und ich füttere es. Hege es wie ein Haustier. Das ist eine Verpflichtung, die ich eingegangen bin, als ich mich für diesen Weg entschieden habe. Das muss jetzt so sein. Es gibt kein Zurück. Trotz all meiner inneren Zweifel schließe ich mein Studium für mich selbst überraschend mit Bestnoten ab. Obwohl ich wenig verstehe und noch weniger Interesse daran habe. Das Karrieremonster wird gefüttert. Ein weiteres Studium. Parallel dazu ein Job. Noch ein Job und noch ein Job. Endlich einer, bei dem zumindest das Zwischenmenschliche passt. Meistens. Manchmal.

Ich muss das durchziehen. Wozu habe ich denn sonst studiert? Meine Tränen wische ich weg. Putze mir die Nase. Atme durch. Als ich meinem Kollegen über den Weg laufe, lächelt er mich an: »Du bist auch immer fröhlich. Dir kann noch nicht einmal ein Montagmorgen etwas anhaben, oder?« Ich bin fröhlich. Und ich bin ehrlich fröhlich. Kann das jemand verstehen? Ich liebe meinen Job. So viele Freiheiten, etwas Neues zu erschaffen. Bald erscheint mein erster TV-Spot. Ich liebe meinen Job. Wirklich. Nur glücklich macht er mich nicht. Er füttert nur mein Karrieremonster. Wieder mahnt meine innere Stimme: Du musst das durchziehen. Doch ich will das nicht durchziehen. Was aber will ich stattdessen? Da gibt es keinen Plan B. Außer vielleicht Rockstar. Oder Primaballerina. Ein Seminar jagt das nächste. Eine Selbsterfahrung folgt auf die andere. Eine persönlichkeitsbildende Ausbildung kommt nach der anderen. Bücher, Onlinekurse, Coachings. Nichts hilft. Diese klugen, gut gemeinten Ratschläge von anderen. Erst als ich am Boden liege und aufgebe, kann mein eigentliches Geschenk zu mir kommen: meine Intuition. Sie spricht nach langer Zeit wieder mit mir und ist auf Umwegen zu mir zurückgekommen. Konkret über den Umweg meines Mannes und sieben Zufälle: Gnade.

1. Zufall: Mein Mann wird erstmalig von seinem Vorgesetzten gebeten, einen Speaker für eine Unternehmensveranstaltung zu organisieren.

2. Zufall: Mein Mann wählt ein hohes Tier, das gerade selbst von einem Selbstfindungstrip kommt und dieses einschneidende Erlebnis mit der ganzen Welt teilen möchte. (Dieser Wirtschaftsboss wird – soweit mir bekannt ist – nie mehr wieder vorher oder nachher als Speaker gebucht.)

3. Zufall: Dieser Speaker bittet während seines Vortrags um einen Freiwilligen.

4. Zufall: Mein Mann ist der einzige Freiwillige.

5. Zufall: Für seinen Mut erhält mein Mann einen Gutschein für ein Reading.

6. Zufall: Mit den Worten: »Keine Ahnung, was das ist. Da stellt man so Fragen und bekommt so Antworten von der eigenen Intuition. Und du hast gerade so viele Fragen«, schenkt mir mein Mann diesen Gutschein.

7. Zufall: Innerhalb einer Woche konsumiere ich diesen Gutschein und lasse mich lesen – immer noch nicht wissend, was passieren wird. Doch ich bin vorbereitet. Mit einer einzigen Frage erscheine ich bei diesem Termin: »Was ist der Sinn meines Lebens?« Was dann passiert, lässt sich kaum in Worte fassen. Das, was mir von meinem Gegenüber gelesen wird, bringt mir unmittelbar meine Lebensfreude zurück. Ich fühle mich angekommen, absolut gesehen und tief berührt. Von unendlicher Dankbarkeit erfüllt. Auf einmal erkenne ich: Mein Leben ist noch nicht vorbei. Alles bisher war nur eine Vorbereitung für den neuen Weg. Meinen Weg.

Was ist der Sinn meines Lebens? Das ist die eine Frage, die mich so beschäftigt und die ich im Termin mit dem Wirtschaftsboss stelle. Während des Readings erklärt mir meine Intuition: Meine Bestimmung ist es, Menschen in ihre Freiheit zu führen und Übersetzerin zwischen den Welten zu sein. Meine Lebensfreude, meine Leichtigkeit, mein Tiefgang und mein inneres Wissen begleiten mich dabei. Ich kann es wahrnehmen. Die Worte berühren mich tief. Ich verschmelze innerlich mit dem Gesagten. Weil es aus mir kommt. Auch wenn jemand anderes es ausspricht. Von nun an will ich nur mehr meine Intuition als Ratgeberin nutzen.

Deine Intuition ist das Bindeglied zwischen deinem Herzen und deinem Verstand. Über deine Intuition kannst du mit dir selbst in Kontakt kommen. Da drinnen in dir, da sind die Antworten zu finden. So konkret. So praktisch. So alltagstauglich. Ganz nah an deinem Leben. In dir liegen die Antworten. Nicht in den Standpunkten anderer Menschen. Gehe zu fünf verschiedenen Menschen und du wirst sieben verschiedene Meinungen erhalten, alle gefärbt mit ihrer Erfahrung. Alles aus ihrer ganz eigenen Sicht, ihrer Einschätzung der Welt und mir. Doch es gibt eine Stimme. Eine Wahrheit. Einen Anker. In dir. Deine Intuition ist so wohlwollend. Unterstützend. Der Kontakt nach innen ist so heilsam. Dort, in dir liegen die Antworten auf alle deine Fragen. Ganz konkret und praktisch: Stell dir vor, du hättest in jedem Moment eine Antwort auf deine Frage und eine Lösung für deinen Zweifel. Das geschieht, wenn du Kontakt nach innen, zu deiner Intuition aufnimmst.

Mein Karrieremonster hat auch sein Gutes: Schnell rechnet es sich aus, dass es wesentlich günstiger und nachhaltig effizienter ist, dieses ominöse Lesen selbst zu erlernen, als wöchentlich bei dem Wirtschaftsboss aufzuschlagen. Sechs Wochen später bin ich in Deutschland. Mein innerer Friede nach meiner Rückkehr ist so deutlich spürbar, dass mich sogar meine Kollegin nach einem Strategiemeeting beiseite nimmt und mich fragt: »Hast du gekündigt? Du bist so gelassen. Und nicht einmal die provokanten Fragen der Geschäftsführung konnten dich eben aus der Fassung bringen.«

»Glück ist das Nutzen der Chancen, die sich einem bieten«, werde ich später wie ein Glückskeks zitieren. Denn natürlich trage ich meinen Teil zu diesem Wandel bei. Doch ich will mehr als nur dieses wundervolle Gefühl, bei mir selbst angekommen zu sein. Ich will einen größeren Beitrag leisten. Ich will etwas bewirken in der Welt. Nun verstehe ich endlich auch meinen wahren Wunsch hinter meinem Ziel Karriere: Ich möchte anderen dabei helfen, sich selbst zu finden und sich selbst zu verwirklichen. In mir gibt es eine so große Sehnsucht, diese Welt mit meiner Arbeit ein klein wenig zum Positiven zu verändern und Erfüllung in mein Leben und in das Leben anderer zu bringen. Ich will den ganzen Tag umgeben von Menschen sein und ihnen diesen Zugang zur Intuition zeigen. Denn dieser Zugang nach innen lässt uns Lösungen in uns selbst entdecken. Und weil es kein Jobangebot mit dem Titel »Leserin der Intuition« gesucht gibt, läuft alles auf eine Selbstständigkeit hinaus. Ich möchte meinem wahren Selbst Ausdruck verleihen.

Mein Businessverstand meint: Es ist zu risikoreich, meine gesicherte Position von heute auf morgen zu verlassen. Mein Businessverstand schreit ebenfalls: Es ist vernünftiger, die berufliche Selbstständigkeit parallel zum Job aufzubauen. Mein Businessverstand meint noch vieles mehr. Doch je mehr meine Intuition in mein Leben kommt, desto weniger erfüllen mich Themen wie »Umsatzlücken schließen« und »Go-to-market-Konzepte optimieren«. Je mehr meine Intuition in mein Leben kommt, desto mehr Vertrauen füllt meinen Alltag.

Drei Monate nach meiner epochalen Selbstfindung kündige ich. Die Augustwärme, die durch das offene Bürofenster meines Chefs weht, kann ich heute noch wohlig spüren. »Und, wohin gehst du?«, will Peter wissen. Es ist üblich, den bestehenden Job für den nächsthöheren auf der Karriereleiter aufzugeben. Er weiß, wie der Hase läuft. »Ich gehe nirgendwohin. Ich mache mich selbstständig. Mit einem Business rund um das Thema Intuition. Dabei geht es darum, Antworten im Inneren zu finden, um glücklicher zu werden.« Neugierig warte ich auf die Reaktion von Peter. Er ist der analytische Straight-forward-Typ. Sehr linear, sehr logisch. Ich habe fachlich unglaublich profitiert von seinem Wissen und seinen schlüssigen Herangehensweisen. Auch ich mag das Klare und Systematische. Ich erwarte jedoch nicht, dass er meinem Richtungswandel irgendetwas abgewinnen kann. Wahrscheinlich ist meine 180-Grad-Wende zu weit weg von seiner Erlebnisrealität. Doch was dann kommt, überrascht mich komplett: »Das fühlt sich total stimmig an, Corinna.« Entweder habe ich Peter unrecht getan oder mein inneres Vertrauen und meine Klarheit haben auch etwas bei meinem Vorgesetzten in Schwingung versetzt. Es ist einerlei, denn nun bin ich bereit, meine innere Karriere hin zur wahren Erfüllung zu starten.

Kennst du das Gefühl, weder ein noch aus zu wissen? Weißt du, wie es sich anfühlt, wenn scheinbar nichts mehr geht, obwohl du tief in dir spürst, dass es da noch etwas Größeres für dich gibt? Es ist deine Intuition, die hier auf dich wartet. Sie wartet nur darauf, dass du dich ihr zuwendest, ihr Gehör schenkst und die Reise zu dir selbst und deiner wahren Bestimmung und Erfüllung im Leben antrittst. Lass uns gemeinsam den Weg nach innen, zu deinem wahren Selbst, beschreiten. Ich freue mich darauf, die Reise mit dir gemeinsam zu machen!

14

Denken allein reicht nicht

DEIN STATUS QUO FUNKTIONIERT NICHT MEHR

Wenn du mithilfe der Anonymen Alkoholiker, den sogenannten AA, aus deinem zerstörerischen Gefängnis entkommen und trocken werden möchtest, dann braucht es am Anfang ein Bekenntnis. Der erste Schritt des Zwölf-Schritte-Programms bei den AA lautet: »Ich gebe zu, dass ich meinem Problem gegenüber machtlos bin und mein tägliches Leben nicht mehr meistern kann.« Ich weiß nicht, wie sich ein alkoholkranker Mensch fühlt. Ich kann es mir nur vorstellen. Aber wenn ich es mir vorstelle, dann ist es ein Gefühl von absoluter Ohnmacht, Verzweiflung und Leere. Ungefähr so fühle ich mich, kurz bevor ich Anfang 2015 den Zugang nach innen zum ersten Mal erfahre und mein erstes Reading der Intuition erleben darf. Ich gebe auf. Innerlich. Ich gestehe mir selbst ein, dass ich alle Pläne ausgeschöpft habe. Es gibt kein verrücktes Seminar mehr, das ich besuchen kann. Selbst ein inoffizieller Probelauf mit Test-Selbstständigkeit scheitert. Nicht, weil ich nichts Gutes für meine beiden Testklienten bewirke, sondern weil mich die Aufgabe nicht erfüllt. Ein neues Jobangebot lockt. Doch was mich dort erwartet, ist nur derselbe Job in Dunkelgrün. Den Job kann ich schon. Wie schon gesagt: Ich liebe meinen Beruf. Nur glücklich macht er mich nicht. Ich liege am Boden und erkenne an: »Ich bin meinem Problem gegenüber machtlos.«

Natürlich hat das bildliche Herumliegen am Boden Auswirkungen auf meine Beziehungen. Ich bin absolut lustlos, auch Freunde will ich gar nicht mehr gern treffen. Meine ganze Energie stecke ich ins emotionale Überleben während der Woche. Am Wochenende will ich dann am liebsten niemanden mehr sehen. Wenn doch einmal eine soziale Verpflichtung wie etwa eine Geburtstagsfeier ansteht, bin ich sehr still. Noch stiller als sonst. Mich an den Gesprächen zu beteiligen, fällt mir schwer. Es ist ein sanftes Dahinbrummen von Oberflächlichkeiten, dabei will ich doch in die Tiefe. Ich will mich erholen. Ich will … Ja, was will ich eigentlich?

Irgendwann mache ich online einen Psychotest: Sind Sie im Burn-out? Der Test sagt, ich bin definitiv gefährdet. Was ich schon damals verstehe: Burn-out hat nichts oder nicht nur mit einer tatsächlichen Überforderung zu tun. In meinen Augen kann auch eine Achtjährige, für die das Einmaleins zu viel ist, in eine Art Burn-out-Zustand kommen. Burn-out heißt nur, dass ich meine Grenzen überschritten habe und ausgebrannt bin. Dass meine ganze Leidenschaft für eine Tätigkeit aufgebraucht ist und sich dieser Zustand auf alle anderen Lebensbereiche auswirkt. Ich wünsche mir eine Tätigkeit, die mir Energie gibt. In meiner idealen Welt sollte ich mehr Energie bekommen als geben. Vielleicht ist es dieser Idealismus, der mich in die Verzweiflung stürzt. Ganz sicher allerdings ist es der Idealismus, der mich nicht aufgeben lässt. Durch Gehaltserhöhungen versuche ich das Ungleichgewicht zu kompensieren. Doch es ist nur Schmerzensgeld und stellt keine echte, emotionale Balance in mir her. Ich weiß genau: Wenn ich weiß, was ich will, dann kann ich es tun. Wenn ich nur den Sinn meines Lebens kennen würde. Das ist es, was ich brauche: Sinn!

An welchem Punkt in deinem Leben stehst du aktuell? Hand aufs Herz: Was funktioniert bei dir nicht mehr? Wo bist du am Ende? Und wenn es nicht ganz so dramatisch ist: Was willst du in deinem Leben nicht mehr? Was soll so nicht mehr weitergehen?

Meine Einladung an dich: Nimm alle Fragen in diesem Buch für dich auf und beantworte sie. Ehrlich. Aus deinem Herzen heraus – und später mit Unterstützung deiner Intuition. Ohne Angst vor dem, was sich da in dir zeigen könnte. Wir begeben uns gemeinsam auf die Reise, um herauszufinden, wer du bist, wenn du ganz du bist, was du für ein erfüllendes Leben brauchst und wie du – wenn du es denn möchtest – dein Business und sogar dein Leben als Ausdruck deines wahren Selbst nutzen kannst.

KEINE ANGST VOR DER ANGST

Das verpönte Wort: *Angst*. In meinem Managerinnendasein habe ich gelernt, dass toughe Karrieremenschen keine Angst haben. Eventuell gibt es Herausforderungen, denen wir uns stellen dürfen. Marktbegleiter, die wir bekämpfen sollen. Risiken, die wir kalkulieren können. Bedrohungen, die abgewehrt werden müssen. Kampfrhetorik. Mal ehrlich: Hast du schon mal einen Kämpfer ohne Angst erlebt? Eine Kriegerin, die ohne Furcht war? So etwas gibt es nicht. Jeder gute Hollywoodfilm lebt davon, dass der Held und mittlerweile immer öfter auch die Heldin die Angst überwinden, sich ihren Dämonen stellen und siegen. Nun: Unsere Leben sind keine Hollywoodschinken, aber du kannst dennoch deine eigene Heldenreise schreiben. Vielmehr deine Heldinnenreise. Kürzlich habe ich von einer meiner Klientinnen gelernt, dass es da einen Unterschied gibt: Der Held kämpft im Außen, in der Welt, und sorgt so für Veränderung. Die Heldin geht in sich hinein und verwandelt die Welt von innen nach außen. Wir hier begeben uns auf eine Reise nach innen. Glaube mir, es gibt nichts Mutigeres, als sich den eigenen Dämonen im Inneren zu stellen. Wenn du couragiert genug bist, um zu fühlen, welche Stürme in deiner inneren Welt toben, dann wirst du die wahre Fähigkeit der Selbstverwirklichung erlangen und Drachen in Schmusekätzchen verwandeln können.

Wenn du an deine Sehnsucht denkst, dann hast du vermutlich auch etwas Angst. Zweifel. Vielleicht macht sich ein Widerstand in dir breit. Die Veränderung, nach der du dich so sehr sehnst, ist gleichzeitig das, was dich lähmt. Die Vorstellung, dass du selbst etwas verändern kannst, ja musst, mag bedrohlich wirken. Es ist okay, Angst zu haben. Angst ist nicht schlimm. Ich werde dir Techniken zeigen, wie du mit deinen Unsicherheiten umgehen kannst, welche Möglichkeiten und Chancen im Zweifel verborgen schlummern und ganz besonders, welche Macht in dir steckt, sobald du deine Bedenken und Blockaden überwunden hast.

Mit dem Wissen, dass es wahrscheinlich einen Teil in dir gibt, der ängstlich, unsicher oder zweifelnd ist, lade ich dich ein, dich und deinen Status quo noch einmal aufrichtig zu hinterfragen: Was in deinem Leben soll so nicht mehr weitergehen? Was wünschst du dir stattdessen?

Wenn dir dein Wunsch zu diffus, zu abstrakt oder zu unerreichbar scheint, dann erlaube dir trotzdem, das hochkommen zu lassen, was als nebulöses Gefühl schon in dir da ist. Vertraue darauf, dass sich dein Wunsch mit der Zeit klärt und du ihn konkretisieren kannst. Ich zum Beispiel wollte immer nur meinen Sinn im Leben finden. Ein großes Ziel, denn es zieht sich durch mein Leben als Oberbegriff für mein Wirken. Schrittweise begann ich, mich dem Thema zu nähern und es herunterzubrechen. Sinn bedeutete zu Beginn meiner Reise für mich, eine berufliche Tätigkeit, die ich subjektiv als sinnstiftend empfinden konnte, zu finden und auszuüben. Heute erkenne ich meinen Sinn auch darin, eine Wegweiserin zu sein und Menschen dabei zu begleiten, ihren eigenen Sinn zu finden. Wer weiß, wie sich Sinn für mich in zehn Jahren definiert? Es gibt auf diesem Weg kein Richtig und kein Falsch, sondern nur ein »passend für dich« oder eben nicht. Der Punkt, an dem du jetzt gerade stehst in deinem Leben, ist dein perfekter Ausgangspunkt. Hier und jetzt kannst du eine Sehnsucht definieren. Mach das, fühl dich dabei vollkommen frei und erlaube dir alles! Eine Klientin von mir kommt zum Beispiel regelmäßig mit immer demselben großen Thema zu mir: Sie will, dass es ihr und ihrer Familie gut geht. Eine andere Klientin wünscht sich Mut, um eine Geschäftsfrau der neuen Ära zu sein, die Menschlichkeit im Business ermöglicht. So unterschiedlich können Wünsche sein. Ebenso dürfen auch deine Träume abstrakt, generisch und nicht spezifisch sein. Es gibt kein Klein oder Groß, es gibt keine Bewertung, wenn es um dein bestes Leben geht. Wenn du noch kein konkretes neues Ziel hast, auf das du hinarbeiten kannst, dann kläre, was du nicht mehr willst. Ganz praktisch, in deinem Leben. Viele von uns sind gut darin, zu sagen, was sie nicht wollen. Fang gern damit an. Benenne es: »Ich will nicht mehr ›9 to 5‹ arbeiten. Ich will nicht mehr die Putzfrau meines Mannes sein. Ich will nicht mehr, dass das Glück meiner Kinder von meinem Wohlbefinden abhängt. Ich will mich nicht mehr selbst sabotieren. Ich will mich nicht mehr klein fühlen. Ich will keine Angst mehr vor Sichtbarkeit haben.« Dann drehe es ins Gegenteil um: Was wünschst du dir stattdessen? Vielleicht stotterst du am Anfang noch etwas herum. Vielleicht wirst du im Verlauf dieses Buches deinen Wunsch deutlicher benennen können. Spiel damit. Finde ein erstes Ziel und erlaube dir, dass es sich im Laufe der Zeit wandelt.

Vielleicht kannst du aber auch klar benennen, was du dir wünschst. Vielleicht sagst du jetzt: »Ich brauche mehr Kundschaft.« Oder du sagst: »Ich brauche die Sicherheit, dass der Umsatzstrom fließt, wenn ich jetzt nicht mehr 24/7 erreichbar bin.« Vielleicht sagst du aber auch: »Ich wünsche mir endlich mehr Leichtigkeit bei Verkaufsgesprächen.« Oder: »Ich wünsche mir mehr Souveränität, wenn ich meinen Preis nenne.«

Erlaube dir, dich in ein Leben hineinzudenken, das so wäre, wie du es dir wünschst. Wie fühlt sich dieses Leben an? Wie fühlst du dich? Du kannst das Gefühl noch größer werden lassen, indem du dich fragst: Wie lebt eine Person, die sich meinen Wunsch erfüllt hat? Indem du die Zielerreichung in eine fremde Person projizierst, kannst du noch deutlicher wahrnehmen, welche Chance eine Veränderung dir bietet. Wie fühlt sich jemand, der so lebt, wie du gern leben möchtest?

Hab keine Angst vor der Angst. Erlaube dir, groß zu träumen. Denn die Wahrheit ist: Du in deinem wahren Selbst bist größer als dein größter Traum.

DIE WAHRHEIT IN DEINEM HERZEN

Beantworte die folgende Frage bitte noch einmal aus deinem Verstand heraus: Was wünschst du dir? Welches Wort, welcher Satz beschreibt dein aktuelles Ziel? Definiere ein Ziel, einen Satz oder ein Wort. Entscheide dich. Werde konkret und verbindlich dir selbst gegenüber, indem du diesen Wunsch jetzt in dein Inneres hineinflüsterst.

Nun geh einen Schritt weiter und frage dich: Wie fühlst du dich, wenn du dein Ziel erreicht hast? Erlaube dir eine kurze Gedankenpause und werde weich in deinem Inneren. Benenne das Gefühl, das sich einstellt, wenn sich dein Wunsch erfüllt hat. Kannst du das Gefühl jetzt schon wahrnehmen, es vielleicht sogar fühlen? Wie wärst du in diesem neuen Lebensgefühl? Kannst du dieses Gefühl, das hinter deinem Wunsch verborgen ist, noch deutlicher spürbar machen? Es ist dein wahres Wunschgefühl. Das Gefühl, das du dir aus dem Herzen heraus wünschst und über Veränderungen im Verstand zu erreichen versuchst. Stell dir für einen kurzen Moment vor, wie es wäre, wenn du in diesem angenehmen Gefühl baden, dich fallen lassen und von ihm tragen lassen könntest. Mein Wunsch war Karriere. Dahinter war die Suche nach dem Sinn in meinem Leben verborgen, nach etwas Sinnvollem, das ich beitragen kann. Mein wahres Wunschgefühl aber war: ankommen bei mir, mich selbst finden und fühlen, dass meine Existenz Bedeutung hat.

Was wird möglich in deinem Leben, wenn sich dieses Gefühl öfter in dir ausbreitet? Stell dir vor, dieser gefühlsmäßige Zustand wäre natürlich und wie selbstverständlich in deinem Leben vorhanden. Wie wäre dein Leben dann? Beleuchte bei dieser Frage für dich unbedingt zwei Ebenen. Auf der einen Seite sieh dir die Ebene deines Alltags, deines gewohnten Lebens, an. Was verändert sich dadurch für dich an einem durchschnittlichen Montagvormittag? Konkret und praktisch. Auf der anderen Seite nimm die Vogelperspektive ein und geh auf eine höhere, abstraktere Ebene. Betrachte das Leben in seiner Ganzheit und frage dich von dieser Metaebene aus: Warum ist mir dieses Gefühl so wichtig? Was kann sich für jemand anderen in meinem Umfeld oder sogar für uns als Kultur, als Gesellschaft verändern, wenn mein Wunschgefühl in der Welt als Licht leuchtet? So wirst du automatisch zu einer noch spezifischeren Frage geführt: Was kannst du dieser Welt geben, wenn du dieses Gefühl verinnerlicht hast und ganz natürlich lebst?

An eine Klientin von mir erinnere ich mich noch sehr gut. Ich will sie hier Maria nennen. Maria ist Mittvierzigerin und strahlt eine quirlige Lebendigkeit aus. Sie stammt aus einfachen Verhältnissen. Dank ihres positiven Auftretens konnte sie sich in einer soliden Beamtenkarriere mit gesichertem Arbeitsplatz etablieren, wo sie aktuell halbtags beschäftigt ist. Neben der Erziehung ihrer beiden Kinder und nach etlichen Fortbildungen im präventiven Gesundheitsbereich hat Maria sich ein kleines Zusatzeinkommen als Therapeutin aufgebaut. Ihre Klientinnen und Klienten betreut sie in ihrem Keller, einem bescheidenen fensterlosen Raum, den sie mit viel Licht halbwegs hübsch hergerichtet hat. Als Maria zu mir kommt, steht sie vor der Entscheidung, ihren unkündbaren

Beamtenstatus aufzugeben, um sich ganz ihrer Leidenschaft widmen zu können. Eigentlich braucht sie nur mehr Kundschaft, die in schöner Regelmäßigkeit in ihre Praxis kommt. Das ist auch ihr Ziel für die gemeinsame Arbeit mit mir. Doch ihre Zweifel sitzen tief. Schnell offenbart Maria all ihre Schmerzpunkte: »Ich weiß nicht, ob ich gut genug bin. Das Einzugsgebiet bei uns auf dem Land ist nicht wahnsinnig groß. Ich müsste schon eine Koryphäe auf meinem Gebiet werden, damit Menschen die weite Anreise auf sich nehmen. Und wenn ich wirklich so gut bin, sollte ich dann nicht eine eigene Praxis haben, anstatt in meinem Keller zu arbeiten?« Doch das ist nicht alles, was sie bedrückt und zweifeln lässt: Neben den beruflichen Fragezeichen, die in Maria wie eine Bremse wirken, gesteht sie: »Mein Mann leistet schon genug. Er soll nicht auch noch meinen Traum mitfinanzieren müssen. Hier setze ich mich selbst unter Druck. Wenn ich alles so belasse wie bisher, dann passt es doch auch.« Doch ihre Augen und ihr Herz verraten etwas anderes: Vielleicht mag es der scheinbar leichtere Weg sein, doch es ist garantiert nicht der Weg, den Maria einschlagen möchte. Sie kann nicht alles so belassen, wie es ist. Es würde sie auch zukünftig unglücklich machen. Gleichzeitig hat sie den Eindruck, gegen Windmühlen zu kämpfen: »Alle in meinem Umfeld geben mir das Gefühl, dass es dumm, ja fast schon fahrlässig wäre, den Beamtenvertrag zu kündigen. Meine Eltern und meine Freunde sagen, ich solle eine ruhige Kugel schieben. Es passt doch alles, wie es ist.« Diesmal kämpft Maria mit den Tränen, als sie sich selbst davon überzeugen möchte, dass sie sich mit ihrem aktuellen Leben begnügen soll. »Ich glaube tief in mir, dass ich nur dann kündigen darf, wenn ich zuvor eine erfolgreiche Selbstständigkeit aufgebaut habe.« Die charismatische Frau steht massiv unter Erfolgsdruck.

Gemeinsam mit ihrer Intuition beleuchten Maria und ich das Thema. Ich gehe in den Kontakt mit Marias Intuition und fungiere als Dolmetscherin für das Wissen in ihrem Herzen. Mit dieser Übersetzungshilfe kann Maria die zentralen Ebenen ihrer Leidenschaft für sich klären: Den Erfolgsdruck will sie nicht mehr. Stattdessen soll die Arbeit leicht fließen. Und damit soll sich ebenfalls die Beziehung zu ihrer Familie und ihrem Umfeld etwas entspannter gestalten. Marias Wunschgefühl hinter dem Ziel im Kopf: Leichtigkeit. Ihre Intuition bringt es auf den Punkt: Leichtigkeit ist die persönliche Kraftquelle in Marias Leben. Sie hat eine natürliche Gabe, die Dinge nicht nur leicht aussehen zu lassen, sondern sie tatsächlich leicht zu tun. Wie sonst hätte sie sich ihre optimistische Fröhlichkeit bei Familie, Job, Fortbildungen und Selbstständigkeit behalten?

Maria erlaubt sich, das Gefühl der Leichtigkeit in sich zu nähren und im Alltag erlebbar zu machen. Jeden Morgen hört sie nun ein Lieblingslied und tanzt dazu. Ganz genau so, wie es ihr ihre Intuition empfohlen hat. Am Wochenende hüpfen manchmal sogar Kids und Ehemann mit ihr im Wohnzimmer. Immer öfter verschiebt Maria Aufgaben von der To-do-Liste auf eine neu geschaffene Was-solls-Liste, die in schöner Regelmäßigkeit in die Altpapiertonne wandert. Leichtigkeit wird zur zentralen Qualität in Marias Leben. Sie nimmt das Thema als wichtigen Baustein in ihre Gesundheitspraxis auf und entwickelt ein neues Gruppenprogramm rund um ihren Wert. Es dauert sechs Monate, bis sich Maria entscheidet zu kündigen. Und weitere sechs Monate, bis sie, eine halbe Stunde Autofahrt entfernt, Praxisräume gefunden hat, die sie sich mit anderen teilt. Marias Leichtigkeit erlebt ein schaukelndes Auf und Ab in dieser Zeit. Doch jedes Mal, wenn Maria zu zweifeln beginnt oder sie sich von ihrem Umfeld in ihren Entscheidungen hinterfragt fühlt, geht sie auf die Metaebene und lässt ihr Licht der Leichtigkeit scheinen. Für sich selbst und für die Welt.

Marias Heldinnenreise kann auch deine werden. Lass dein Wunschgefühl auf der Metaebene der Intuition zu deinem Anker werden. Zu deinem Antrieb. Die Wahrheit für dein Leben liegt in deinem Herzen! Beginne damit, dein Ziel auf der Verstandesebene zu benennen. Und fühl dann in dich hinein. Was ist dein Wunschgefühl hinter deinem Ziel? In dir existiert dieses Wunschgefühl bereits. Du kannst es wahrnehmen. Das ist deine Basis. Dein Herz ist schon dort, wo du gern hinmöchtest. Nutze diese Quelle für dich, um dich immer wieder neu auszurichten und zu orientieren. Das ist der erste Schritt.

Dein Verstand zeigt dir neben dem zu erreichenden Ziel stets auch, was dir fehlt. Ziele werden meist aus einem Mangel heraus geboren. Hier hast du zu wenig Umsatz, dort zu wenig Know-how. Das Setzen von Zielen ist wichtig, damit du eine Richtung hast. Achte dabei jedoch gleichzeitig darauf, nicht in eine Härte dir selbst gegenüber zu verfallen. Denn die Härte, die wir beim Realisieren unserer Ziele gern an den Tag legen, ist vielfach das Gegenteil von dem, was wir uns aus unserem Herzen heraus wünschen.

Damit du dir ein erfüllendes Leben erschaffen kannst, in dem deine Verstandesziele mit deinen Wunschgefühlen gekoppelt werden können, sind zwei zentrale Aspekte von absoluter Bedeutung:

Erstens: Wir brauchen einen heilsamen Umgang mit Schmerz. Das, was uns in unserem Leben fehlt, den Mangel, den wir emotional, aber auch weltlich erleiden, müssen wir zu transformieren lernen. Hier haben wir als Gesellschaft, als Kultur enormen Nachholbedarf. Wir verhalten uns bei Heilungsprozessen eher wie Erstklässler, die lernen müssen, den Stift richtig zu halten, während wir am liebsten schon ganze Seiten vollschreiben würden.

Zweitens: Damit wir etwas Neues erschaffen können, müssen wir lernen zu verstehen, dass alles, was in unserer Welt sichtbar ist, zuerst in uns entstanden ist bzw. entsteht. Nichts da draußen existiert losgelöst. Mit unserem Denken und mit unserem Fühlen erschaffen wir in jedem Moment die Zukunft und damit unser Leben neu.

Das neue Paradigma für ein erfüllendes Leben lautet daher: Raus aus dem Mangel und dem, was mir fehlt – rein in die Fülle und damit in die Erfüllung! Fühl schon jetzt, was du dir wünschst!

WIE AUS INTUITION LIEBE UND EIN BUSINESS WURDEN

Als ich zum ersten Mal den Sinn meines Lebens gelesen bekomme, schmelze ich dahin. Tränen. Schon wieder. Dieses Mal begleitet von absoluter Freude und innerem Vertrauen. Ich fühle mich in meiner Gesamtheit gesehen. Am ganzen

Körper kann ich die Wahrhaftigkeit hinter den gelesenen Informationen meiner Intuition erkennen. Ich sehe, dass ich wertvoll bin. Dass mein Leben einem höheren Zweck dient, ebenso wie jedes andere Leben auch. Tiefe Dankbarkeit macht sich in mir breit. Ich bin beseelt.

Das *Lesen der Intuition* ist eine Kombination aus spezialisierter Körper- und Energiearbeit, die Atmung, fokussierte Präsenz und Meditation umfasst. Die Technik hilft, Körper und Geist in einen stärker verbundenen, kohärenten Zustand des Energieflusses zu versetzen. Auf diesem erhöhten Bewusstseinslevel können Lebensfragen geklärt werden.

Bei einem Reading, wenn mithilfe der Intuition gelesen wird, kommen die Inhalte tief aus dem Inneren heraus. Ich werde an dem Punkt meines Lebens abgeholt, an dem ich gerade stehe. Dort, wo ich festhänge. Dort, wo ich mich selbst schlecht und klein mache. Dort, wo ich nicht hinsehen mag und wo sich gleichzeitig der Schalter für das Licht und die Veränderung in meinem Inneren befinden. Beim Lesen der Intuition geschieht Magisches – immer wieder. Es vollzieht sich ein Perspektivwechsel, wenn die eigene Intuition einem zeigt, dass man etwas Besonderes, dass man wertvoll und genug ist.

Dieser Kontakt nach innen ist das, wonach ich unwissentlich gesucht habe, seitdem ich mich für den Karriereweg entschieden hatte. Damit komme ich bei mir selbst an und kann gleichzeitig Gutes tun. Ich kann anderen Menschen dabei helfen, dass sie ihre Erfüllung finden. Es sind individuelle Wege aus dem Dilemma heraus. Das Erkennen der Lösungen löst bei jedem Reading, das ich gebe, Erleichterung und

Freude aus – sowohl bei mir als auch bei meinen Gegenübern.

Binnen kürzester Zeit entsteht um dieses Band der Intuition herum ein Business. Zuerst stelle ich mich als Dolmetscherin der Intuition zur Verfügung und lese eins zu eins für andere. Später entwickle ich die Technik des Lesens der Intuition so, dass ich sie unkompliziert an andere Menschen und Unternehmerinnen und Unternehmer weitergeben kann. Wenig Aufwand, viel Ertrag. Das ist die Maxime, an der sich mein Business orientiert. Lesen der Intuition geht leicht und bringt viel. Alles darf sich schnell und einfach entwickeln – mithilfe der Beraterin Intuition. Wenn mein Karrieremonster das Ruder übernimmt, dann weiß ich, dass ich vom Weg abkomme und in alte Pfade treten will. Es tut weh. Manchmal will ich immer noch mit dem Kopf durch die Wand, hänge einer fixen Vorstellung nach. Doch der Schmerz lässt mich auch weiser werden. Das Karrieremonster habe ich noch lange nicht besiegt. Es brauchte fast fünf Jahre, um meine alte Definition von Erfolg durch eine neue zu ersetzen und zu verinnerlichen. Erfolg ist nicht, dass ich von außen erfolgreich wirke. Erfolg ist für mich, dass ich in mir bin und mich gut fühle. Heute mag ich mein Karrieremonster. Denn es richtet den Fokus aufs Business. Aber ich, als Chefin in diesem Business, sage, wo es langgeht: nach innen. In mich hinein. Denn dort ist mein Glück zu Hause.

Heute weiß ich auch: Ich höre auf mein Gefühl und handle danach. Widerstand gegen meine Intuition ist zwecklos und zudem sadistisch schmerzhaft. So bin ich nicht mehr. Ich habe erkannt, dass meine Intuition die beste Beraterin ist, die ich an meiner Seite haben kann. Sie ist immer da. Sie spricht zu mir. Sie ist klar. Sie ist eindeutig. Sie ist liebevoll. Und sie will immer nur mein Bestes.

Diese Wegbegleiterin ist das Großartigste, das ich mir erhoffen konnte. Ich wünsche auch dir, liebe Leserin, lieber Leser, dass du deine Erfüllung über den Weg nach innen gemeinsam mit deiner Intuition findest! Es gelingt dir, wenn du beginnst, dich selbst zu verstehen und Verstand und Intuition miteinander in Einklang zu bringen. Genau darum geht es im nächsten Kapitel.

Dich selbst verstehen

VERNUNFT = VERSTAND + INTUITION

Unsere Vernunft besteht aus zwei Aspekten: Verstand und Intuition. Wir brauchen beide, um gut durchs Leben zu kommen. Wir können unser Leben nicht nur denkend bestreiten. Ebenso wenig können wir es nur fühlend meistern. Es braucht die perfekte Balance. Und zudem das Wissen darum, wann welcher Teil unserer Vernunft am besten zum Einsatz kommt. Das Denken haben wir gelernt. Viele Schuljahre hindurch. Mit dem Denken fühlen wir uns sicher. Mit der Intuition hingegen ist das so eine Sache: Wir unterstellen, dass manche Menschen von Haus aus über eine gute Intuition verfügen. Oder dass wir uns an manchen Tagen, in manchen Situationen eher oder besser nicht auf unsere Intuition verlassen können. Jedenfalls scheint uns die Intuition eine uneindeutige und nicht zuverlässige Sache zu sein.

Tatsächlich ist unsere Intuition genauso logisch, klar und stringent wie unser Verstand, wenn wir zwei Dinge beherzigen. Erstens: Wir dürfen lernen, zwischen der echten und der falschen Intuition zu unterscheiden. Zweitens: Wir brauchen Zugang zu dieser *echten* Intuition.

Genau hier setzt meine Arbeit an. Mit der Technik des Lesens der Intuition gelingt nämlich genau das: Du erhältst Zugang zur echten Intuition, zu den Wahrheiten in dir. Zu den Informationen, die für dich – und nur für dich – gelten. Und dir so weiterhelfen.

Vielfach wird die Intuition dem Weiblichen zugeschrieben und der Verstand dem Männlichen. Und auch, wenn ich dieser Herangehensweise aus vielen Gründen zustimme, bin ich gleichzeitig davon überzeugt, dass das Lesen von allen Geschlechtern gleich gut, gleich tief, gleich liebevoll angewandt werden kann. Wie alles im Leben braucht auch die Intuition eine Balance – mit dem Verstand. Wie alles im Leben braucht auch der Verstand eine Balance – mit der Intuition.

Melinda Gates erzählt in einem Interview über ihren Ex-Mann Bill Gates sinngemäß: »Wir kamen uns immer näher und es wurde verbindlicher in unserer Beziehung. Nun stellte sich die Frage nach dem nächsten Schritt – der Heirat. Eines Tages, als ich im Büro von Bill vorbeikam, sah ich doch tatsächlich auf seinem Whiteboard eine Pro- und Contra-Liste für die Hochzeit.«[1] Melinda erzählt nicht, ob Bill bloß die Vor- und Nachteile einer Ehe an sich notiert oder ob sich diese Auflistung explizit auf sie als Person bezogen hatte. Was ihre Erzählung zeigt, ist vielmehr, dass wir versuchen können, an jeden Sachverhalt mit dem denkenden Verstand heranzugehen. Aber wie argumentierst du, dass du jemanden liebst? Wie erklärst du, dass du jemanden heiraten möchtest? Es ist ein Gefühl. »Ich wusste es eben«, sagen manche. Oder sie stammeln herum und listen Eigenschaften auf, die sich auch in zig anderen Menschen wiederfinden. Liebe und Intuition sind rational nicht immer leicht zu begründen oder nachzuvollziehen. Sie gelten als Argumente per se. Gerade Selbstständige brauchen bei Unternehmensentscheidungen Zugang zu ihrem Bauchgefühl. Sie beschreiten neue Wege. Und auch wenn vieles sich mit dem Verstand lösen lässt, so stößt dieser manchmal eben auch an seine Grenzen. Gleichzeitig empfehle ich dir, deinen denkenden Verstand zu nutzen, wenn es draußen regnet und du einen Spaziergang machen möchtest. Nimm einen Schirm mit! Es braucht die Balance: Es können sich 100 Argumente auf der Liste gegen eine Heirat befinden. Wenn auf der Pro-Seite steht: »Ich liebe sie«, dann wird fast jedes Gegenargument zwecklos.

Wir treffen Entscheidungen vornehmlich emotional und aus unserem Unterbewusstsein heraus.[2] Gleichzeitig sind wir allerdings Königinnen und Meister darin, sie rational zu argumentieren oder überhaupt über eine Begründung hinwegzugehen. Fehlentscheidungen gibt es deshalb, weil wir nicht automatisch mit unserer echten Intuition verbunden sind, sondern oftmals in unbewussten Unsicherheiten feststecken. Lass uns daher einen Blick darauf werfen, wie wir funktionieren.

Der Eisberg in uns

Stell dir vor, dein Denken und dein Fühlen sind ein Eisberg. Genauer gesagt, mit deinem Denken und deinem Fühlen verhält es sich so ähnlich wie mit einem Eisberg: Nur fünf Prozent ragen aus dem Wasser heraus. Spätestens seit dem Film Titanic wissen wir, wie tief und weitreichend ein Eisberg unter der Wasseroberfläche sein kann und welche Größe und Kraft er unter der Oberfläche besitzt. Die fünf Prozent, die an der Wasseroberfläche sichtbar sind, stellen die bewussten Anteile von dir dar. Das sind die Teile, die wir landläufig als Verstand bezeichnen. Die restlichen 95 Prozent, die unsichtbar unter der Wasseroberfläche verborgen wabern, sind dein Unterbewusstsein. Auch diese unbewussten Anteile von dir lassen sich noch einmal weiter unterteilen.

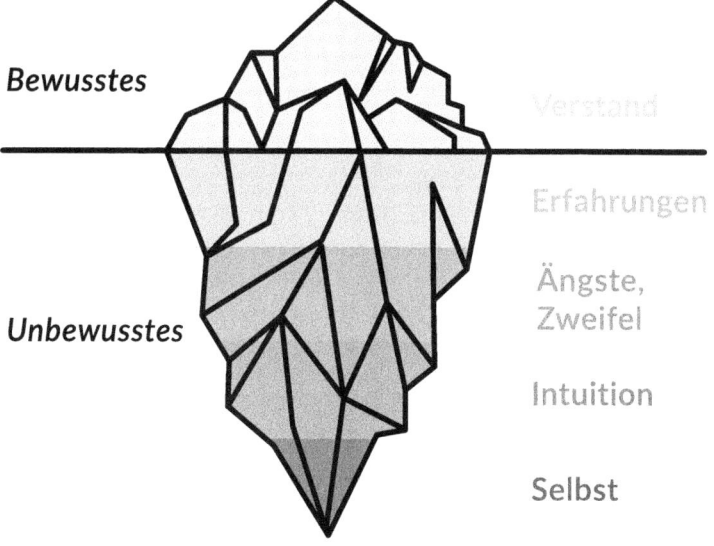

Direkt unter der Wasseroberfläche liegen deine Erfahrungen. Sie haben unmittelbaren Einfluss auf dein Denken. Das, was du in deiner Vergangenheit erlebt hast, formt dich. Aus Erfahrung wird man klug, heißt es oft. Oder aber bitter, ängstlich, vorsichtig, scheu, zurückhaltend, wenn es negative Erfahrungen sind. Umgekehrt wirken sich positive Erfahrungen bejahend auf dein Denken und Handeln aus und du kannst zuversichtlich, mutig, herzlich oder liebevoll werden.

In meiner Zeit als Marketing-Managerin im Lebensmittelhandel führte ich oft hitzige Diskussion mit dem Team aus dem Vertrieb. Als Marketing-Verantwortliche war es meine Aufgabe, innovative Produkte zu entwickeln und diese mit kreativen Kampagnen zu bewerben. Nicht selten kam es da vor, dass wir als Marketing-Team dem Vertrieb unserer Meinung nach Weltklasse-Ideen präsentierten und die Reaktion des Key Account Managers so aussah: »Mein Bauchgefühl sagt mir, dass die Supermarktkette dieses Produkt nicht in ihr Sortiment aufnehmen wird. Stampfen wir die Idee lieber ein, bevor sie zu unnötigen Kosten und überflüssigem Aufwand führt.« Was mein Verkaufskollege mir damit aber in Wahrheit sagen wollte, war: »Ich habe schon viel Erfahrung im Umgang mit neuen Produkten. Die Vergangenheit hat mich gelehrt, dass wir mit dieser Art von Innovation auf taube Ohren stoßen werden. Daher verlasse ich mich auf diese Erlebnisse und empfehle, diese Idee zu verwerfen.« Es war nicht das Bauchgefühl, nicht die echte Intuition, die meinem Verkaufskollegen zu diesem weisen Schluss verhalf. Es waren seine gelernten Erfahrungen. Erfahrungen sind gut und wichtig. Ein Handeln aus der Erfahrung heraus kann hilfreich sein oder auch nicht. Es ist wichtig, Erfahrungen als das anzuerkennen, was sie sind: Erlebnisse der Vergangenheit. Daraus können sich Ableitungen für die Zukunft ergeben. Nichts ist jedoch in Stein gemeißelt. Die Zukunft ist noch nicht geschrieben. Und keine vergangene Erfahrung der Welt kann die Expertise deiner Intuition wettmachen.

Lass uns zurückkommen zum Eisberg-Modell: Im Unbewussten, unterhalb der Erfahrungen, liegt als Nächstes die Ebene der Ängste und Zweifel. Ängste und Zweifel befeuern Erfahrungen und machen sie dadurch umso eindrücklicher. Weil wir unsicher sind, gehen wir unbewusst zurückhaltend, passiv, zögerlich und das Negative erwartend an eine neue Situation heran. Wir sagen dann: »Man muss auch realistisch bleiben.« Doch genau das sind wir in diesen Momenten nicht. Wenn wir von »Realitätsnähe« sprechen, dann offenbaren wir meist einen unbewussten Glaubenssatz über das Leben, der da heißt: »Es wird wahrscheinlich schiefgehen.« Diese Überzeugung hat sich durch negative Erfahrungen geformt. Schlechte Erlebnisse führen dann wiederum zur Bestätigung unserer unbewussten Ängste. Der Verstand argumentiert dadurch meist rigoroser, um nicht zu sagen: härter. Dieser Teufelskreis der selbsterfüllenden Prophezeiung führt dazu, dass wir mit mehr Unsicherheiten durchs Leben laufen. All das geschieht unbewusst. Dein Verstand kann sich an diesem Punkt noch so oft einreden, dass er offen und vorurteilsfrei an Neues herangeht. Er verliert, denn er repräsentiert nur fünf Prozent von dir. Diesen inneren Zwiespalt kaschieren wir oft dadurch, dass wir grundsätzlich strikter gegenüber neuen Ideen sind, im Glauben, dass wir Klarheit gefunden hätten. Selten ist diese innere Härte echte Klarheit. Vielmehr ist es ein Verdrängen negativer Erlebnisse, ein Unterdrücken von Ängsten.

Landläufig heißt es: »Wenn es sich nicht gut anfühlt, dann mach es nicht.« Wir glauben fälschlicherweise, dass dieses ungute Gefühl, unser Bauchgefühl, unsere Intuition ist. Dabei ist es unsere Angst, ein Risiko genauer zu betrachten und im Anschluss eine Entscheidung zu treffen.

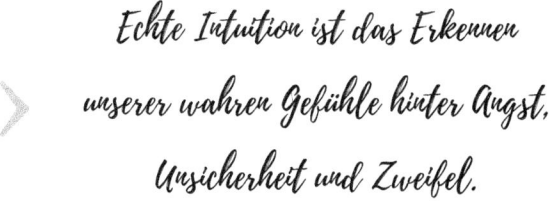

Echte Intuition ist das Erkennen unserer wahren Gefühle hinter Angst, Unsicherheit und Zweifel.

Nicht weniger als die Erkenntnis, dass Intuition hinter unseren eigenen Unsicherheiten auf uns wartet, ist der erste

Schlüssel, um uns bereit zu machen, uns für das große Wissen in uns selbst zu öffnen.

Ich erinnere mich noch an meine erste und einzige Online-Dating-Erfahrung: Ich war Anfang 20 und allein in einer neuen Stadt mit neuem Job und neuen Menschen. Inständig sehnte ich mich nach einem Partner und so erstellte ich ein Profil auf einer Online-Dating-Plattform. Diese Erfahrung war schrecklich. Anfang der 2000er-Jahre gab es (soweit ich mich rückblickend erinnern kann) keine seriösen Dating-Agenturen. Stattdessen wurde mir ein Haufen obszöner Kuriositäten in mein digitales Postfach geschickt. Leider erinnere ich mich nicht, ob es einen netten jungen Mann für mich auf dieser Plattform gegeben hätte. Bei jedem neuen Kontakt erwartete ich das Schlimmste und nach einem Monat löschte ich mein Profil. Die Angst davor, mit unseriösen Angeboten belästigt zu werden, ließ mein Bauchgefühl in eine Abwehrhaltung gehen, wann immer mein E-Mail-Postfach mich darüber benachrichtigte, dass mich Stefan, 25, aus Wien oder Karsten, 28, aus Düsseldorf kennenlernen wollte. Ich gab Dating-Plattformen nie mehr wieder eine Chance. Ein einziges Erlebnis reichte aus, um meinem Verstand eine nachhaltige Überzeugung quasi einzuimpfen.

Ängste, Zweifel und Unsicherheiten lassen uns das Schlimmste erwarten und färben so unsere Erfahrungen. Ein negatives Erlebnis kann dazu führen, dass wir Türen für immer verschließen – aus Furcht davor, dieselbe schlimme Erfahrung erneut zu machen.

Wenn wir den Mut – und das Know-how – haben, hinter unsere Erfahrungsmuster und hinter unsere eigenen Zweifel zu blicken, werden wir belohnt. Dann schimmert das Licht der Intuition für uns. Unsere Intuition, die uns ein wirkliches Fühlen ermöglicht. Ein reines und echtes Wahrnehmen der Situation an sich. Mithilfe der Intuition können wir in uns selbst hineinschauen und dort in die Tiefe gehen. So erschließen wir uns die bis dahin verborgenen Anteile und bergen das große Wissen in uns. Die Intuition liefert Antworten auf Fragen – und zwar auf alle Fragen des Lebens. Im Kontakt mit unserer Intuition erhalten wir Informationen, die es uns leicht machen, gute Entscheidungen schnell zu treffen. Unsere Intuition unterstützt uns dabei, unsere Lebensthemen zu klären und zu lösen. Schließlich gibt sie uns ein sicheres Gespür für Situationen und Menschen. In Verbindung mit unserer echten Intuition wird es uns möglich, situativ passend zu handeln und so nachhaltige Erfolge bei Projekten, Gesprächen und zwischenmenschlichen Beziehungen zu erzielen.

Die Intuition kann all das leisten, weil sie aus dem genährt wird, was ich das Selbst nenne. Es ist das andere Ende des Eisbergs, das am tiefsten unter der Meeresoberfläche verborgen ist. Das Selbst ist dein Wesenskern, dein Ich ohne vorgeburtliche Prägungen, ohne Restriktionen durch Erfahrungen, ohne gesellschaftliche Konditionierungen. Vielleicht möchtest du dein Selbst aber auch als Seele oder reines Bewusstsein bezeichnen. Es gibt unglaublich viele Möglichkeiten, das zu beschreiben, was dein wahres Inneres meint und was dich in deiner reinsten Form und Essenz ausmacht. Nimm du bitte hier einfach das Wort, das wohlig für dich klingt.

Es ist wichtig, uns in unserer Gesamtheit, also die vollen 100 Prozent, zu sehen, anzunehmen und zu leben, wenn wir sowohl Erfolg im Business als auch – darum geht es mir ganz besonders in diesem Buch – Erfüllung im Leben haben wollen. Legen wir nur den Fokus auf die sichtbare Spitze des Eisbergs, die aus dem Wasser hinausragt, können wir zwar Erfolg haben, meist bleibt aber hier das persönliche Glücklichsein auf der Strecke. So, wie es bei mir damals war. Ich habe mich verbogen und verleugnet, weil ich so identifiziert war mit nur fünf Prozent meines Selbst. Erst als ich entdeckte, dass ich mehr als nur die Spitze des Eisbergs war, konnte ich mich meinen tieferen Anteilen zuwenden und ganz werden. Heute kann ich mich vollumfänglicher verkörpern denn je und mich mehr als jemals zuvor zum Ausdruck bringen. Erst wenn wir den Mut haben, uns in unserer Gesamtheit zu erfassen und auch die unbewussten Anteile in uns zu sehen und zu berücksichtigen, wird die wahre Magie geschehen. Dann kann auf einmal alles ganz leicht und schnell gehen. Ein einziger Tauchgang kann ausreichen, um dich für die Liebe zur Unterwasserwelt zu begeistern und in dir eine neue Leidenschaft zu entfachen. Tauchst du einmal von der Spitze des Eisbergs hinab in die Tiefe deines Selbst, kann das dazu führen, dass du einen nachhaltigen Perspektivwechsel vollziehst. Wenn du den schönsten aller Eisberge in seiner ganzen Größe bestaunst, dann wird das zwangsläufig etwas in dir in Gang setzen, das sich am besten als Flow beschreiben lässt. Wenn du beginnst, das Leben und all deine Visionen in diesem Leben von unten nach oben und dadurch von innen nach außen zu gestalten, dann geschieht das, wonach wir uns alle tief drinnen in Wahrheit am meisten sehnen: Freiheit, Leichtigkeit, Klarheit, Lebendigkeit, Entspannung, Freude, Balance, Harmonie, Friede, Vertrauen, Liebe, Erfüllung. Ankommen bei dir selbst.

Soulset ist das neue Mindset

Als ich mich für den Karriereweg entscheide, bin ich klar. Ich bin sehr klar aus meinem Verstand heraus. Die Verknüpfung ist eindeutig: Erfolgreiche Menschen bewirken etwas. Wenn ich etwas bewirke, bin ich glücklich. Also muss ich erfolgreich werden. Doch ich hatte mich gründlich geirrt. Zum Glück! Denn:

> » *Enttäuschung ist das Ende einer Täuschung.* «

So ähnlich habe ich es einmal bei Vera F. Birkenbihl gehört. Nachdem ich mir eingestanden hatte, dass ich mich selbst täuschte, was einem langen und qualvollen Prozess vorangegangen war, konnte ich mit dieser Selbsttäuschung aufhören. Ich verstand: Nur weil ich mein ganzes Denken und Handeln auf ein Ziel ausgerichtet und dieses Ziel auch erreicht hatte, bedeutete das nichts, außer dass ich gut auf Ziele hinarbeiten konnte. Ein gut geöltes und funktionierendes Mindset zu haben, heißt noch lange nicht, glücklich zu sein. Wie viel Zeit, Geld und Leid hätte ich mir ersparen können, wenn ich damals schon mit dem Begriff *Soulset* gearbeitet hätte.

Am verständlichsten wird der Begriff »Soulset«, wenn ich zuerst den Begriff »Mindset« definiere. Mindset bezeichnet eine Denkweise, eine geistige Haltung, die du dir angeeignet hast. Im besten Fall handelt es sich dabei um ein positives Mindset. Du richtest dein Denken auf das aus, was du in dein Leben ziehen möchtest. So wie ich die Karriere. Dein

Soulset geht hier noch einen entscheidenden Schritt weiter: Soulset bezeichnet die Ausrichtung auf die Bedürfnisse deines wahren Ichs, deines Selbst. Es folgt deinen tiefsten Gefühlen. Wenn du ein integres Soulset hast, dann lebst du in Einklang mit dir, deinen Wünschen und deinem Sein. Dann kannst du authentisch sein und erkennst, dass Leidenschaft, Kreativität, dein Dienst an der Welt und Fülle auf allen Ebenen zusammengehören. Zufriedene Menschen fühlen sich authentisch, autonom und verbunden. Sie denken es nicht nur, sie fühlen es wirklich. Während wir uns im Mindset auf die Ausrichtung unserer Gedanken konzentrieren, fokussiert sich Soulset auf das Erlauben und Kreieren positiver Gefühle, die dem wahren Sein entspringen. Womöglich hätte ich mir einen langen Umweg ersparen können, wenn ich eher dem Soulset gefolgt und früher bereit und imstande gewesen wäre, auf mein Inneres zu hören. Anstelle der Karriere hätte ich mich mal besser auf mein Wunschgefühl konzentriert, darauf, einen Beitrag für die Welt leisten zu können. Das wäre echtes Soulset gewesen. So hätte ich vielleicht sogar den Umweg über die Karriere abkürzen können. Die Grundlage für ein wirkungsvolles Mindset stellt somit ein starkes Soulset dar. Denn nur in der Verbindung nach innen, zu unseren tiefen, echten Gefühlen, verborgen im Unbewussten, erreichen wir einen Zustand höchster Zufriedenheit, Verbundenheit und Erfüllung.

Wenn es dir bisher oft schwer erschien, eine Veränderung in deinem Business oder ganz allgemein in deinem Leben herbeizuführen, dann lag es daran, dass du versucht hast, dein Unternehmen und dein Leben in eine neue Richtung zu bewegen, indem du die Spitze des Eisbergs angeschoben hast. Egal wie viel Mühe du dir dabei gegeben hast und wie lange dein Atem war, es hat vermutlich nicht ausgereicht. Natürlich musste es dir schwerfallen. Du wolltest 100 Prozent des Eisbergs anschieben, während du nur Zugriff auf fünf Prozent davon hattest. Stell dir nun vor, du würdest deine Kraft nicht auf die fünf Prozent der Eisbergspitze lenken, sondern auf die 95 Prozent darunter. Plötzlich merkst du, dass sich etwas bewegt! Zu Beginn vielleicht zögerlich, doch langsam nimmt der Eisberg Fahrt auf und bewegt sich in die von dir gewünschte Richtung. Es darf leicht gehen!

» *Arbeite weise, nicht hart.* «

Dein Soulset entsteht, wenn du lernst, dich mit deinen unbewussten Anteilen zu verbinden, die Richtung für dein Leben aus deinem reinen Herzen, deiner echten Intuition heraus zu kreieren und nicht länger aus dem Verstand heraus. Warum aber kannst du nicht einfach jetzt, ratzfatz und dauerhaft, dein Soulset etablieren? Die schlichte Antwort: Es hat sich eine hierarchische Ordnung in dir breitgemacht, die nicht so einfach mit purem Wollen zu überlisten ist. Die systemische Ordnung in dir entsteht durch Wiederholung. So lernen wir. Führst du dieselben Handlungen wieder und wieder aus, so wird daraus ein Automatismus, der sich tief in deinem Unterbewusstsein einprägt. Ganz leicht wird so aus einem schmalen Trampelpfad eine gut gepflasterte Autobahn. Du denkst nicht im Traum daran, eine schmale Seitenstraße zu nehmen, wo doch die praktische Autobahn direkt vor der Haustür beginnt. Doch genau das braucht es: das Beschreiten eines neuen Weges, um ein Leben mit Soulset zu etablieren. Dass unsere Vernunft aus Verstand und Intuition besteht, habe ich bereits erwähnt. Nicht jedoch, dass der

Großteil unserer gesellschaftlichen Kultur darauf fußt, den Verstand zu glorifizieren und ihm einen höheren Stellenwert beizumessen als der Intuition. Unser Verstand ist unsere Autobahn. Daher sind wir auch darauf trainiert, den Verstand lauter und deutlicher wahrzunehmen als die Intuition. Das ist grundsätzlich nicht zu bewerten. Solange wir wissen, dass zu vernünftigen Entscheidungen Herz und Hirn gehören, können wir sowohl auf der Autobahn fahren als auch auf der Landstraße. Je nachdem, welche Qualität es von uns braucht. Erst wenn wir den Turbo auf der Schnellstraße betätigen und nicht mehr nach rechts oder links sehen, dann wird es gefährlich. Denn dann vernachlässigen wir unsere wahre Natur. Das Schöne an der Intuition jedoch ist: Sie ist immer für uns da. Sie teilt sich uns auch beständig und konsequent mit. Jeder und jede von uns verfügt über intuitives Wissen und wir alle nutzen es immer mal wieder. Echte Intuition entsteht nicht aus Erfahrung. Das Wissen, das wir uns über Jahre hinweg in unserem Leben angeeignet haben, ist Erfahrungswissen oder unbewusstes Verstandeswissen. Jedoch keine echte Intuition. Aber es braucht Intuition, um ein persönliches Soulset zu kreieren.

>> *Intuition ist das Wissen, dass etwas gut und passend für dich ist, ohne dass du dies rational begründen kannst.* <<

Für die meisten Menschen, die auf Autobahnen unterwegs sind, ist Intuition ein Wissen, das scheinbar plötzlich da ist, das aus dem Nichts auftaucht und uns anleitet. Intuition lässt dich zum Beispiel ein unbekanntes Magazin am Kiosk kaufen und dich darin einen neuen Kooperationspartner finden. Intuition bringt dich dazu, dich bei einer Netzwerkveranstaltung blicken zu lassen, obwohl du eigentlich dein Einsiedlerleben bevorzugst, und öffnet so dein Business für eine neue Geschäftsidee, die am Abend präsentiert wird. Intuition lässt dich vertrauensvoll zu atemberaubenden Büroräumlichkeiten Ja sagen und zieht durch deine innere Öffnung einen exklusiven Neukunden an Land.

» *Intuition führt dich. Intuition weist dir den Weg. Intuition begleitet und unterstützt dich auf deinem Lebens- und Berufsweg.* «

Wenn wir auf die Welt kommen, dann sind wir instinktgesteuerte Wesen. Wir schlafen, wenn wir müde sind. Wir essen und trinken, wenn wir hungrig und durstig sind. Wir weinen, wenn wir Nähe benötigen oder andere Bedürfnisse artikulieren wollen. Als Babys achten wir dabei nicht auf Tages- und Nachtzeiten. Wir erfüllen unsere Grundbedürfnisse bzw. sorgen dafür, dass sie von anderen bestmöglich erfüllt werden. In diesem Lebensalter existiert unsere Intuition bereits, während wir noch keinen rationalen Verstand besitzen, um sie als solche erkennen zu können.

Langsam entwickelt sich unser Ich-Bewusstsein. Unser Verstand wird geschult und trainiert. Wir lernen zwischen *ich* und *den anderen* zu unterscheiden. So entsteht die erste Trennung zwischen Bewusstem und Unbewusstem. Unsere motorischen und kognitiven Fähigkeiten verbessern sich täglich. Gleichzeitig lernen wir auch, die Erwartungen anderer zu erfüllen und höhere Instanzen als die eigene als wahr anzuerkennen. Beim Verwandtschaftstreffen nicht aufzufallen, sichert uns das Wohlwollen des Vaters. Unaufgefordert die Spielsachen wegzuräumen, sichert uns die Dankbarkeit der Mutter. Brav in Zweierreihe zu gehen, bringt uns das Lob der Kindergartenpädagogin ein. Und Sünden zu beichten, schenkt uns sogar das ungeteilte, wenn wohl auch kurze, Wohlwollen Gottes – so sagt zumindest der Herr Pfarrer.

Mir ist überhaupt nicht daran gelegen, gesellschaftliche Umgangsformen für ein gutes Zusammenleben anzuprangern. Lediglich will ich dein Auge dafür schulen, wie stark wir unser Leben von äußeren Umständen beeinflussen lassen, ohne viele Dinge jemals zu hinterfragen. Wir erschaffen eine Autobahn aus angepassten Automatismen. Dadurch verlieren wir schrittweise den natürlichen Zugang zu unserer Intuition. In der Kindheit sichert uns diese Anpassungsfähigkeit buchstäblich unser Überleben. Wir brauchen Nahrung, ein Dach über dem Kopf und ein Gefühl von Zugehörigkeit. Wir lernen, das Spiel von Geben und Nehmen zu spielen, um Teil der Gemeinschaft zu bleiben. Und treffen so, weil wir es nicht besser wissen können, Vereinbarungen und Lebensregeln, die sich an äußeren Normen und Überzeugungen orientieren statt an unserer inneren Wahrheit.

Meist im Teenageralter beginnen wir, Dinge infrage zu stellen: In der Pubertät grenzen wir uns schrittweise von unseren Eltern ab und ergründen unsere eigene, feine Wahrheit tiefer. Vieles von dem, was wir bisher als selbstverständlich wahrgenommen haben, hinterfragen wir und erachten wir als nicht zu uns passend. Wir reagieren mit Vehemenz und Rückzug. Doch meist verdrängen wir die neu entdeckte wahre Intuition in uns, die uns den Weg weisen könnte. Wir brauchen Zugehörigkeit mehr als Individualität. So bleiben wir in einem Zwiespalt gefangen: zum einen Erwartungen erfüllen zu wollen und zum anderen unseren eigenen Weg zu gehen. Beiden Ansprüchen gegenüber empfinden wir eine gewisse Verpflichtung.

Am Ende sind wir erwachsen. Meist haben wir uns arrangiert. Wir haben akzeptiert, dass wir nicht alles bekommen können, was wir uns wünschen. Schließlich ist das Leben kein Ponyhof und Leiden gehört sowieso zum Alltag dazu. Vor allem sehen wir keinen vernünftigen Ausweg, da wir die Vernunft unwissentlich auf den Verstand reduziert haben. Aufkeimende Sehnsüchte betäuben wir ebenso wie die nagende innere Stimme, die uns immer noch konsequent liebevoll den Weg weisen möchte. So führen wir Beziehungen, bauen Selbstständigkeiten auf und behandeln uns selbst als Zielerfüllungsmaschinen.

Einfach deshalb, weil uns niemand über unser Denken und über unser Fühlen aufgeklärt hat. Niemand hat uns das Wahrnehmen unserer Intuition beigebracht. Wie auch? Wer hätte uns für das Erkennen unserer Intuition bereit machen sollen? Die wenigsten von uns können ihre wahre Intuition bewusst und absichtlich wahrnehmen. Wir wurden darauf getrimmt, unsere fünf Prozent Verstand zu schulen und nicht die 95 Prozent unbewusstes Wissen, aus denen wir unser Soulset schöpfen könnten. Doch genau das braucht es, wenn wir ein authentisches und erfülltes Leben erschaffen wollen.

DIE HIERARCHIE IN UNS

Ganz egal über wie viel kognitives Know-how du verfügst, dein inneres Wissen und deine innere Weisheit sind größer. Um diesen Wissensschatz in dir zu bergen, ist es hilfreich zu verstehen, wie deine inneren, meist unbewussten Prozesse ablaufen, wenn du mit dir bist, Sachverhalte abwägst und Entscheidungen triffst. In dir gibt es ein hierarchisches Gefüge, das sich mit dem eines Unternehmens vergleichen lässt: Oben sitzt der Boss und unten sitzt die Belegschaft. Je eindeutiger die Verantwortlichkeiten geklärt sind, umso effizienter funktioniert das Business. Es gibt verschiedene Abteilungen für verschiedene Aufgabengebiete und Teams werden entsprechend ihrer Fähigkeiten gebildet. Nicht jede Verkäuferin ist eine gute Buchhalterin und umgekehrt ist nicht jeder Buchhalter ein guter Verkäufer. Es ergibt Sinn, allen die ihrer Veranlagung entsprechenden Positionen zuzuweisen, um das beste Ergebnis für das gesamte Unternehmen einzufahren. Selbst in flachen Hierarchiestrukturen braucht es eine Person, die Verantwortung trägt und Entscheidungen trifft. In deinem Business und in deinem Leben bist das du.

Du bist die Chefin! Du bist der Chef!

Als Frau oder Mann an der Spitze deines Unternehmens ist es recht offensichtlich, dass du die Macht und Führung über sämtliche Strukturen innerhalb des Unternehmens innehast. Wenn du eine Ein-Personen-Firma leitest, dann bist du Unternehmerin, Manager und Fachkraft in einem. Falls du mit einem Team arbeitest, dann ist es ebenso offenkundig, dass du den Laden führst. Im Impressum der Firmenwebsite steht dein Name, im Unternehmensregister bzw. Firmenbuch trittst du namentlich auf. Als Einzelunternehmerin oder Solopreneur ist dein Name gleichzeitig der Name deiner Firma. Viel offensichtlicher geht es nicht.

Wenn es nun um dein eigenes System als Mensch geht, um dein inneres Team, dein persönliches Eisberg-Modell, dann lass uns damit beginnen, dir auch hier deine Chefinnen- bzw. die Chefposition zu verdeutlichen: So, wie du dein Business anführst, so führst du auch dein Leben an. Deine Aufgabe ist es, den Herausforderungen des Alltags zu begegnen, Projekte voranzutreiben, den Überblick über dein Leben, deine privaten Finanzen, deinen Haushalt zu haben – schlicht: dein Leben zu gestalten. Du entscheidest, ob du von einer Wohnung in der Stadt in ein Haus auf dem Land übersiedelst. Du planst und buchst den Urlaub im Süden. Du kümmerst dich um ein neues Auto. Du triffst Entscheidungen. Und wenn du keine Entscheidung triffst, dann liegt auch das in deiner Verantwortung. Den Boss-Job deines Lebens kann dir niemand abnehmen. Aber du kannst dir ein hocheffizientes Team aufbauen, das dich bestens berät und es dir leicht macht, schneller bessere Entscheidungen zu treffen.

Dein denkendes Teammitglied Verstand

Dein denkendes Teammitglied Verstand ist das wohl bekannteste Mitglied deines inneren Ensembles. Dein Verstand ist großartig! Er ist linear, schlüssig und logisch. Das macht ihn verlässlich und konstant. Dein Verstand ist der Macher. Er bekommt eine Aufgabe und setzt diese auf die bestmögliche Weise um. Dein Verstand ist für die groben Angelegenheiten im Leben zuständig. Als Teammitglied nennt er eine Hands-on-Mentalität sein Eigen. Der Verstand packt Dinge an, liefert Resultate.

Der Verstand ist der zuverlässige Arbeiter. Wenn es etwas zu tun gibt in deinem Leben, dann ist der Verstand zur Stelle und meldet sich gern freiwillig. Der Verstand liebt es, einen Weg von A nach B oder sonst wohin zu gehen. Er liebt es, Ergebnisse abzuliefern und zu leisten. Er liebt es umzusetzen. Stell dir vor, du möchtest die Sommermonate über vom Meer aus arbeiten. Dann wird der Verstand mit Leidenschaft herausfinden, wie du am besten von A nach B kommst, die Reiseroute planen und auch bei der Wahl des vorübergehenden Arbeitsdomizils darauf achten, dass die WLAN-Verbindung garantiert ist. Wenn du hingegen drei Kinder und einen Ehemann managst, dann wird dein Verstand die Organisation eures fünfköpfigen Alltags orchestrieren und zwischen Chauffeur-, Köchinnen- und Vorlesediensten jonglieren. Er erstellt Einkaufslisten und Putzpläne für alle Familienmitglieder und sorgt für deren Erledigung. Der Verstand ist die Anlaufstelle, wenn exakte Umsetzung und gute Abwicklung gefordert sind.

Der Verstand ist der Denker, der den Fokus auf die Umstände im Außen hat und hier alles im Blick behält und berücksichtigt.»Es gibt ein Problem? Hurra, dann kann ich mich ja wieder nützlich machen und etwas tun«, so der Verstand. Ihm ist dabei nicht immer ganz so wichtig, ob seine Arbeit nachhaltig oder sinnvoll ist. Wichtig ist ihm nur, beschäftigt zu sein. So macht der Verstand schon mal eine Excelkalkulation zu viel oder plant Brettspiele mit den Kids von 17.15

Uhr bis 17.55 Uhr, ganz egal ob die Partie dann vorbei ist oder nicht.

Unsere moderne Supermaschine Computer ist eine wunderbare Metapher, um das Wirken deiner inneren Hierarchie zu verdeutlichen: Der Kompetenzbereich deines Verstandes erstreckt sich auf die gesamte Festplatte deines Computers. Hier wuselt dein Verstand. Ständig schafft er neue Strukturen und eine neue Ordnung. Auf dem Laufwerk C erstellt er neue Ordner und verschiebt Dokumente vom Ordner *Vergangenheit* in den Ordner *Das könnte ich noch mal brauchen*, weiter in den Ordner *Davon trenne ich mich bald* und dann in den Ordner *Ach, ich hol es doch wieder nach vorn, man weiß ja nie*. Dein Verstand kann alles Erlebte und Vererbte in Ordnern abspeichern und auf der lokalen Festplatte immer wieder nach Antworten suchen, wenn er von dir als Chefin bzw. Chef eine Aufgabe gestellt bekommt. Er liebt es, auf dem Laufwerk C zu surfen und Dokumente herumzuschieben und sich so zu beschäftigen. Wenn du also einen Text schreibst und eine Information ergänzen willst, wird dein Verstand nicht müde, Informationen über Informationen aus diversen Ablagesystemen hervorzukramen und dir zur Verfügung zu stellen. Je größer dein Wissen und deine Erfahrung, umso mehr Auskünfte gibt dir dein Verstand. Alles fein geordnet und hübsch aufbereitet. Großartig, um sofort damit weiterzuarbeiten. Auch wenn vielleicht die Dateien nicht exakt die Antwort auf die Fragestellung liefern, kannst du trotzdem gut mit ihnen arbeiten. Du findest einen Workaround, der passt.

Um jedem zu zeigen, dass er wichtig ist, hat der Verstand auch einen Assistenten. So wird seine Position weiter aufgewertet.

Das ewiggestrige Teammitglied Ego

Das Ego ist der willensstarke Mitarbeiter in deinem inneren Team. Es gehört zum Team Verstand und spornt diesen immer wieder zu Höchstleistungen an. Dein Ego schmeichelt und pusht den Verstand in Dauerschleife. Beschäftigt sein und beschäftigt bleiben, das ist die oberste Maxime. Denn nur so kann der Verstand seine dominante Position rechtfertigen und damit den Bedarf eines eigenen Assistenten.

Die Positionsbeschreibung deines Egos lautet Bewahrer. Dein Ego hat die Aufgabe, den Status quo zu bewahren. Da der aktuelle Status quo aus der Vergangenheit heraus entstanden ist, bedeutet das auch, dass dein Ego in der Vergangenheit lebt und sein vermeintliches Wissen genau daraus bezieht. Das heißt, es wird alles daransetzen, dass sich nichts verändert. Denn nur so fühlt sich dein Ego sicher. Gut ist das dann, wenn der Status quo formidabel aufgestellt ist. Dann ist es auch nicht schlimm, dass es sich das Ego auf deinem Chefsessel gemütlich gemacht hat und sich aufführt, als wäre es der Boss. Genau, du hast richtig gehört. In dem Moment, in dem du die Führung im Leben nicht übernimmst, übernimmt dein Ego. Es wartet nur auf einen Moment der Unachtsamkeit, um sich einzuschleichen und sich breitbeinig als Chef aufzuspielen.

Was macht nun das Ego in der PC-Metapher? Wenn dein Verstand die Festplatte des Rechners darstellt, dann ist das Ego die Firewall auf dem Computer, die dafür sorgt, dass von außen möglichst gar nichts Ungewohntes und von der Routine Abweichendes zum Festplatten-Verstand vordringt.

Dein Ego beschützt deinen Verstand und sorgt dafür, dass dieser in Ruhe arbeiten kann.

In Ruhe zu arbeiten bedeutet, dass dein Verstand sich innerhalb der Festplatte entspannt bewegen kann. Doch vor allem bedeutet es, dass dein Ego sich durch das Manövrieren des Verstandes auf sicherem Terrain bestätigt fühlt. Es bedeutet, dass du denselben Gedanken wieder und wieder haben kannst und ihn durch das Hin- und Herschieben zwischen den diversen Ordnern als Teil von dir und – noch stärker – als neu empfinden kannst.

Ein kleiner Exkurs: Georg hat das solide Raumausstattungsunternehmen seines Vaters übernommen. Als einfacher Angestellter hat er begonnen, das Geschäft von der Pike auf zu lernen. So hat er sich seine Sporen verdient und hochgearbeitet. Als sein Vater schließlich in den Ruhestand geht, übernimmt Georg das Geschäft. Bei unserem ersten Reading-Termin eröffnet Georg mir: »Ich komme zu dir, weil mir sowohl mein Team als auch meine Kundinnen und Kunden auf der Nase herumtanzen.« Er weiß, dass er den autoritären Führungsstil seines alten Herrn nicht übernehmen möchte. Gleichzeitig hat er den Eindruck, dass seinen Anordnungen nur dann entsprochen wird, wenn er einen Wutausbruch hat. »Doch ich will nicht unkontrolliert aus der Haut fahren«, ist Georg sich klar. Zudem hat Georg einen neuen Kooperationspartner an Bord geholt, mit dem die Zusammenarbeit auch nicht funktioniert. Ich lese für Georg und befrage Georgs Intuition nach der Ursache all dieser zwischenmenschlichen Konflikte. In unserer gemeinsamen Arbeit kommen wir der Sache schnell auf den Grund: Die Absicht hinter jeglichem Handeln von Georg ist es, seinem Vater zu gefallen und der Familienehre zu entsprechen. Georg sieht sich selbst immer noch als den kleinen Angestellten, der er einmal im Unternehmen war, und ist mit den neuen Aufgaben überfordert. Ich lese für Georg: »Seitdem sich dein Vater aus dem Unternehmen verabschiedet hat, ist die Position des Chefs unbesetzt. Du nimmst diese Rolle nicht ein.« Georg verzieht das Gesicht und gesteht zerknirscht: »Eigentlich sollte ich wohl in das große Büro meines Vaters ziehen, doch es jagt mir Angst ein. In meinem kleinen Kämmerchen nebenan fühle ich mich vertrauter.« Wenn Georgs Vater dann zur Stippvisite kommt, macht dieser es sich natürlich in seinem alten Büro gemütlich und alles wirkt wie früher. Georgs Intuition lässt ihn außerdem wissen: »Du und dein Vater, ihr hängt beide noch in den alten Mustern fest. Solange du dich nicht selbst in die Chefposition beförderst, solange hat dein Vater das Gefühl, dass der Unternehmenserfolg noch immer an ihm hängt.« Georg schluckt. Das hatte er nicht hören wollen. Georgs Intuition lässt ihn liebevoll noch mehr Einblicke gewinnen: »Die Rolle des Chefs zu übernehmen heißt auch, als Sohn erwachsen zu werden und nicht bei jeder Entscheidung, die ansteht, ängstlich zu fragen, ob Papa sie billigen wird.«

Es wird Georg bewusst, dass er momentan weder von seinem Verstand noch von seiner Intuition geleitet wird, sondern rein von seinen Ängsten, Zweifeln und Unsicherheiten – von seinem Ego. Georgs Motivation in der neuen Position ist es, seinem Vater und ehemaligem Boss zu gefallen und nicht, das Unternehmen als Chef zu leiten. Er verharrt im alten Status quo. Da Georg nicht er selbst ist, sondern aus seinem bewahrenden Ego heraus angeführt wird, das sich noch immer mit dem Angestellten in ihm identifiziert und nicht mit dem Chef, kann er im Kontakt mit Mitarbeitenden, Kundinnen, Kunden und dem neuen Kooperationspartner auch nicht souverän auftreten.

Georg wird von seinem Ego geleitet. Im übertragenen Sinn auf deine innere Hierarchie kannst du dir das so vorstellen: Wenn der Chef- bzw. Chefinnensessel frei ist, dann nimmt das Ego darauf Platz. Wenn du mit deinem bewussten Ich, das alles überblicken kann, nicht am Ruder bist, dann übernehmen deine Ängste, deine gemachten Erfahrungen und deine alten Verhaltensweisen. Da das Ego enorm willensstark ist, fällt es ihm leicht, den Ton anzugeben und dich nach seiner Pfeife tanzen zu lassen. Vielleicht bemerkst du es noch nicht einmal, sondern glaubst womöglich sogar, dass du dein Ego bist. »So bin ich halt.« Du definierst dich über Charaktereigenschaften, die in Wahrheit dein Ego beschreiben und nicht dein wahres Selbst. Jahrelang dachte ich beispielsweise, ich wäre ein sittsames Mädchen, das angepasst ist. Oder auch, dass ich nicht dafür gemacht wäre, ein eigenes Business hochzuziehen. Für mich war es eine bahnbrechende Erkenntnis, als ich verstand, dass ich nicht mein Ego bin. Dass es tatsächlich sogar nur ein winzig kleiner Anteil meines Verstandes ist, der an sich schon nur einen Teil meines Wesens umfasst. Das Ego überblickt nie die Gesamtsituation. Als Teil des Verstandes hat es nämlich auch nur Einblick in dessen Tätigkeitsbereich.

Die Unternehmensführung durch das Ego auf dem Chefsessel geht so lang gut, solange alles ausgezeichnet läuft. Dann unterstützt die Willensstärke deines Egos den Flow, in dem du dich befindest. Hinderlich wird es, sobald du als Inhaber bzw. Inhaberin eine Veränderung anstrebst. Oder auch dann, wenn sich Situationen verändern oder wenn von externen Quellen Veränderungen angestoßen werden. Dann wird aus dem Bewahrer schnell mal ein Kritiker an allem Neuen. Dass eine Weiterentwicklung auch Positives beinhaltet, erkennt dein Ego selten auf Anhieb. Dann braucht es die Unterstützung der Leitung – deine Unterstützung. Es geht nicht darum, dem Ego die Sachverhalte logisch zu erklären. Dein Ego hat nicht den Überblick, den du als Chefin oder Chef hast. Dein Ego ist ein Befehlsempfänger, der dir unterstellt ist. Bitte mach dir das klar! Es ist notwendig, dass du den Chefinnensessel in deinem Business und – noch wichtiger – in deinem Leben einnimmst. Sobald sich dein Ego einmischt, sobald es sich in deinem Büro auf deinem Chefsessel räkelt, weise es liebevoll, aber klar und konsequent in seine Schranken.

Auch Georg versteht die Zusammenhänge im Familiensystem und sich selbst nun besser und ist bereit, seine inneren Überzeugungen zu transformieren. Mithilfe der Intuition und der inneren Arbeit überwindet er seine Blockaden und verändert seinen Glauben über sich. Schlussendlich kann er seinen ganzen Mut zusammen- und Verantwortung übernehmen: Er sucht das klärende Gespräch mit seinem Vater. Dabei drückt er ihm seine ganze Wertschätzung und große Dankbarkeit aus und schafft gleichzeitig neue Spielregeln für die Zusammenarbeit. Auf die Expertise des Vaters will er nicht verzichten, seinem eigenen Standing im Unternehmen jedoch tut es gut, wenn nur ein Chef im Unternehmen anwesend ist. Kurz darauf lässt Georg das große Chefbüro von seinem Team frisch tapezieren und feiert die neuen Räumlichkeiten. Mit seinem Vater trifft er sich ab sofort jeden Freitagnachmittag im Büro. Dann, wenn alle anderen schon im

Wochenende sind. Georg sitzt dabei auf dem Chefsessel und der Vater bekommt den Besucherstuhl. Anfänglich murrt Georgs Ego noch, doch mit der Zeit gewöhnt es sich an die neue Situation. Er stellt seinem Vater all seine Fragen und hört sich dessen Empfehlungen an. Die Entscheidungen trifft er dann in der kommenden Woche. Allein.

Durch sein lautstarkes Poltern und dadurch, dass sich der kleine Wicht aufzuplustern weiß, ist es leicht, dem Ego Aufmerksamkeit zu schenken und ihm zu glauben. Dein Ego wird dir Dinge sagen wie: »Das haben wir ja noch nie so gemacht. Wo kommen wir denn da hin? Es funktioniert doch alles bestens.« Als Unternehmerin bzw. Unternehmer bist du es vermutlich gewohnt, gegen solche Widerstände in der Belegschaft zu agieren. Doch wie gehst du damit um, wenn dir diese Widerstände aus dir selbst heraus begegnen? Bist du klar in und mit dir? Klarheit in dir kann entstehen, wenn du neben Verstand und Ego auch noch deine Intuition als Teammitglied ins Boot holst. So gewinnst du Sicherheit. Dazu im nächsten Kapitel mehr. Dein Ego wird dir aber auch Sätze sagen wie: »Was bildest du dir ein? Du überschätzt dich maßlos! Warum solltest ausgerechnet du gut genug sein, um so eine großartige Idee in die Welt zu bringen? Schau dir doch mal an, wie viele Menschen schon daran gescheitert sind!« Durch seine unglaubliche Willensstärke fühlt es sich oft nachvollziehbar an, was dein Ego sagt, und mangels gegenteiliger Argumente wirst du durchaus versucht sein, ihm zu glauben. Meine Aufforderung: Lass dich nicht von deinem Ego einlullen oder gar kleinhalten!

 Glaub nicht alles, was du denkst.

Dein Ego macht nur einen winzig kleinen Teil von dir aus. Genauer gesagt: Dein Ego macht nur einen winzig kleinen Teil deines Verstandes aus. Mach dir die Willensstärke deines Egos zunutze! Erkenne und durchschaue die Strategien deines Egos. Dein Ego will dich schützen. Nur ist es dazu leider nicht qualifiziert. Dein Ego kann und wird dich warnen, sobald du von deinem gewohnten – und oft eingefahrenen – Kurs abkommst, wenn du die Autobahn verlässt. Aber dein Ego kann dich nicht manipulieren. Zumindest dann nicht, wenn du die Hoheitsgewalt in deinem Inneren behältst.

Lass uns kurz einen Blick hinter die Kulissen werfen und verstehen, woher das Ego sein Wissen bezieht: Es entsteht aus deinen vergangenen Erfahrungen. Ein praktisches Beispiel: Die fünfjährige Hanne ist mit ihrer Mutter beim Einkaufen im Supermarkt. Während sie in der Schlange warten, sieht Hanne einen Lutscher, den sie unbedingt haben möchte. Hanne zieht an Mamas Ärmel:»Mama, darf ich den Lutscher haben?« Zuerst bittet sie ihre Mutter darum. Doch Mama lehnt ab:»Nein, Schätzchen, heute nicht.« Hanne wird quengeliger. Das Warten ermüdet sie und der Lutscher ist in Reichweite. Hanne weiß, dass ihre Mama keine großen Szenen mag, sondern lieber unauffällig ihre Besorgungen erledigt. Hanne ist frustriert und wirft sich auf den Boden. Sie schreit lange und laut. Hannes Mama fühlt sich unwohl mit der Situation. Sie wird nicht gern angestarrt und glaubt dann, dass andere sie für eine inkompetente Mutter halten. Um die Situation zu beruhigen, geht Hannes Mutter einen Deal mit Hanne ein:»Du bekommst den Lutscher, wenn du aufhörst zu lärmen.« Ein Muster wird geboren. 40 Jahre später ist Hanne erwachsen und leitende Angestellte in einem großen Konzern. Sie wendet die Taktik des Tobens immer wieder an, um ihren Willen durchzusetzen. Verantwortlich für dieses Verhalten: Hannes Ego. Als Kind hat Hanne eine erste und sich anschließend wahrscheinlich wiederholende Erfahrung gemacht, die sie geprägt hat. Der alte Status quo wirkt bis heute und leitet Hanne unbewusst an. Hanne ist sich dieses Verhaltensmusters noch nicht einmal gewahr. Sie entscheidet nicht absichtlich Radau zu machen. Vielmehr suggeriert ihr Ego ihr: Wenn du etwas erreichen möchtest, dann musst du dafür kämpfen. So manche Bonuszahlung hat sie durch ihr Toben schon bekommen. Doch irgendwann gerät sie an eine Vorgesetzte, die ihre Ego-Spielchen nicht mehr mitspielt. Hanne wird gefeuert.

Unser Ego speichert zielführendes Verhalten als erfolgreich ab und wendet genau dieses Muster automatisiert und immer wieder an. Adäquat und passend ist dies später allerdings selten. Vielleicht hast du dich in einem Meeting schon einmal gefühlt wie im Kindergarten. Das überrascht nicht, denn die ersten Lebensjahre sind prägend für uns. Werden unsere Urwunden nicht geheilt, so entwickelt sich aus ihnen unser Ego. Das heißt: Wenn du die Software auf deiner Festplatte nicht immer und immer wieder aktualisierst, dann bleibst du in kindlichen Verhaltensmustern stecken. Dein Ego agiert wie eine schlecht programmierte Firewall. Plötzlich verhalten sich Erwachsene wie Kinder. Vielleicht hast du dich selbst schon einmal dabei ertappt und musstest innerlich feststellen: Das war kein besonders erwachsenes Verhalten. Wie viele Kundinnen oder Freunde hast du dir mit einem antrainierten Verhaltensmuster eventuell vergrault, einfach weil du dir von deinem Ego einen veralteten Status quo hast diktieren lassen?

Neben der Tatsache, dass dein Ego keine Veränderungen möchte und den einmal als zielführend abgespeicherten Weg immer wieder gehen will, will es zudem auch unbedingt recht haben. Nur dann, wenn dein Ego sich bestätigt fühlt, fühlt es sich sicher. Sich auf etwas Neues einzulassen, ängstigt es. Die Möglichkeit, nicht recht zu haben, ist für viele Egos die schlimmste aller Optionen. Eher wird es Tatsachen verbiegen und Sachverhalte anders darstellen, bevor es zugibt, sich geirrt zu haben. Dein Ego bezieht seine Identität aus der Aneinanderreihung von Glaubenssätzen und Überzeugungen, die du dein Leben nennst. Dein vom Ego verhätschelter Verstand glaubt ihm, und so geschieht es, dass sich schlussendlich das Ego in deinem Eckbüro einquartiert und Chef spielt.

Du als Chefin oder Chef hast die Aufgabe zu überprüfen, welche Verhaltensweisen ausgemustert gehören. Welches antrainierte Verhalten hindert dich mehr, als dass es dir nützt? Gib dir die Chance, erwachsen zu werden, deine auf bewussten und unbewussten Erfahrungen und übernommenen Verhaltensweisen basierenden Überzeugungen zu beleuchten, zu überprüfen und gegebenenfalls auszusortieren. Trenne dich von allem Alten, das dir den Weg versperrt. Beginne so ein erfüllendes Leben und ein erfolgreiches Geschäft zu leiten. Weise dein Ego in die Schranken!

Richtig geführt, ist das Ego ein wahrer Segen für dein Unternehmen »Leben«. Die herausragende Qualität des Egos ist sein starker Wille. Diese Eigenschaft, gut eingebunden ins große Ganze, ermöglicht es dir, Träume zu verwirklichen, die selbst dir bis dahin schier unmöglich schienen.

Gut geführt pusht dein Ego deinen Verstand in eine qualitative Umsetzungsstärke: Dein Verstand ist ein guter Handwerker, ein verlässlicher Umsetzer für die groben Dinge. Was ihm fehlt, ist feinfühlige Weitsichtigkeit und ein ganz besonderes Verständnis für dich und deine persönlichen Bedürfnisse. Hier kommt nun ein anderes Teammitglied ins Spiel.

Dein feinfühliges Teammitglied Intuition

Wenn es darum geht, dich glücklich zu machen, deinen Lebensweg zu erkennen und deinen erfüllenden Businessplan beherzt umzusetzen, dann braucht es mehr als den Verstand. Dann braucht es Kreativität, Empathie, Sensibilität, Verständnis und Leidenschaft. Das alles bringt dein Teammitglied Intuition mit.

Deine Intuition kann dir zeigen, was richtig erfüllend für dich ist. Deine Intuition kann dir zeigen, wofür dein Herz schlägt und was du wirklich willst vom Leben. Freude kannst du dir nicht eben mal schnell denken, Freude kannst du nur fühlen. Und Fühlen ist das Spezialgebiet der Intuition.

Oftmals wird die Intuition unterschätzt. Weil sie sich im Hintergrund hält und nicht so lautstark poltert wie das Ego. Der Motor deines Egos ist Angst. Intuition hingegen wird von Freude angetrieben. Das macht es so bereichernd, die Intuition im Team zu haben. Dabei geht deine Intuition ganz unkonventionelle Wege. Weil sie dich und alles um dich herum gut überblickt und ein außergewöhnlich ausgeprägtes

Gespür für dich hat, kann sie in jedem Moment mit der besten Lösung aufwarten. Im Gegensatz zum Verstand braucht deine Intuition keine Pro- und Contra-Liste, um ein Projekt abzuwägen. Sie weiß sofort, ob eine Idee passend für dich ist oder nicht. Das kann deine Intuition deshalb, weil sie Zugriff auf das Supernetz hat.

Stell dir vor, du sitzt vor deinem Computer, schreibst einen Text und brauchst schnell eine Information, um den Text rund zu machen. Was machst du? Richtig: Du googelst. Du holst dir das fehlende Puzzleteil aus dem Netz. Doch was, wenn du kein Internet hast? Was, wenn du nur die Festplatte deines Verstandes hast und die Firewall Ego dich vom großen Supernetz abschneidet?

Wenn wir das Supernetz nicht nutzen, dann kannst du dir einen normalen Tag in deinem Leben mathematisch ungefähr so vorstellen: Angeblich denken wir rund 60.000 Gedanken pro Tag. Mindestens 80 Prozent davon sind wiederholend. Und von diesen sich zum größten Teil wiederholenden Gedanken sind wiederum 80 Prozent tendenziell negativ.[3] Kurz mal nachgerechnet kommen wir so in etwa auf mindestens 38.400 sich wiederholende negative Gedanken. Pro Tag! Ein Tag hat 86.400 Sekunden. Stellen wir uns kurz mal vor, wir würden einen Gedanken nur eine Sekunde lang denken, was de facto zu kurz gedacht ist. 44 Prozent der Zeit, also knapp die Hälfte des Tages (die Nacht eingerechnet), schwirren wir in unserem negativen Teufelskreis herum. Diese Kalkulation ist eine Milchmädchenrechnung, macht jedoch mehr als deutlich, dass wir in einer Negativsuppe schwimmen, die wir täglich neu aufwärmen.

Jetzt ist es ja nicht so, dass wir uns hinsetzen und uns denken: Was könnte ich denn Schlechtes denken, was ich heute schon x-mal ebenso negativ gedacht habe? Vielmehr ist es so, dass unser Denken parallel zu unserem Alltag geschieht. Wir denken also noch nicht einmal aktiv mit unserem umsetzungsstarken Verstand. Wir werden gedacht. Die Gedanken scheinen nur so durch uns durchzurauschen. So wirkt es dann oft so, als wären wir diesem Denken sogar hilflos ausgeliefert. »Ich kann halt nicht anders. Ich bin halt so. Ich mache mir ständig Sorgen wegen der Kinder. Abends kann ich nicht einschlafen, weil ich mich schon wieder über die Kollegin ärgern muss. Sie ärgert mich dauernd. Und mein Mann war geistig heute auch schon wieder nicht anwesend. Ebenso wie gestern und vorgestern. Ich ziehe ja schließlich täglich innere Bilanz, auch wenn ich es nicht gern zugebe.« Das Ego lässt grüßen.

Unser Firewall-Ego liebt diesen Zustand. Nicht weil es will, dass es dir schlecht geht. Sondern weil es sich in diesem Routinezustand sicher fühlt. Es hat kein Bestreben, daran etwas zu verändern. Ganz im Gegenteil: Dein Ego braucht noch mehr von diesem Negativfutter, um am Leben zu bleiben. Angst nährt Angst. Dein Ego wird angetrieben von Angst. Entziehst du ihm die Angst, beraubst du es seiner Lebensgrundlage. Würdest du ihm seine Nährstoffquelle entziehen, müsste es hungern oder im schlimmsten Fall vielleicht sogar verhungern und sterben. Zumindest sieht es dein Ego so. Deshalb liebt dein Ego Drama, Wut, Traurigkeit, Frustration und Angst. Denn all diese Emotionen sind vertraut. Und was vertraut ist, das bietet Sicherheit.

Lass uns wieder das Bild des Computers betrachten: Dein Verstand nutzt die Festplatte, dein Ego ist die Firewall, die Ungewohntes von außen abzuhalten versucht. Deine Intuition schließlich ist die Mitarbeiterin, die den größten Weitblick von allen Teammitgliedern hat. Deine Intuition nutzt nämlich nicht nur das normale Internet. Nein, sie kennt das Supernetz!

Das Supernetz der Intuition liegt außerhalb der Festplatte und wird deshalb vom Firewall-Ego abgeschirmt. Hier braucht es wieder dich als Chefin bzw. als Chef, um das Ego zeitweise in sein Kämmerchen zu verbannen. So wird die Firewall ausgeschaltet, damit die Informationen aus dem Supernetz ungehindert fließen können. Die schutzbietende Firewall wird heruntergefahren – ein beängstigender Gedanke, nicht wahr? Zumindest für dein Ego. Nicht aber für dich, wenn du dich als Chefin oder Chef weiterentwickeln möchtest. Warum lohnt sich der wagemutige Schritt? Was macht dieses Supernetz so besonders? Wenn du deine Intuition um Rat fragst, dann nutzt die Intuition genau dieses Supernetz, um dir die besten Informationen liefern zu können. Löcherst du deine Intuition mit Fragen, dann loggt sie sich in dieses Netz des Wissens ein. Du kannst dir deine Intuition im Supernetz vorstellen wie eine auf dich maßgeschneiderte Version einer Suchmaschine: Gib eine klar formulierte Frage ins Suchfeld der Intuition ein und du erhältst eine Antwort. Das Supernetz spuckt allerdings nicht Tausende von Einträgen aus. Du brauchst keine Ergebnisse zu durchforsten, die mehr oder weniger etwas mit deiner eigentlichen Frage zu tun haben. Das Supernetz liefert exakt eine Antwort. Die Antwort, die dir jetzt am allerbesten weiterhilft. Die Antwort, die maßgeschneidert richtig für dich ist. Die Antwort, aus der du den langfristig größtmöglichen Nutzen ziehen kannst.

Die Absicht, die deine Intuition in jedem Moment verfolgt, kann in folgender Frage zusammengefasst werden: Was braucht meine Chefin bzw. mein Chef jetzt, damit es ihr oder ihm ganzheitlich und langfristig noch besser geht? Antworten bringt die Intuition auf überraschenden Wegen zu dir. Sie schickt dir Zeichen. Innere und äußere. Manchmal, wenn du mit dir haderst, einen potenziellen Kunden anzurufen, meldet er sich von selbst bei dir. Wenn du überlegst, dir einen neuen Firmenwagen anzuschaffen, begegnet dir das Auto deiner Träume mit günstigen Konditionen über den Händler deines Nachbarn. Wenn dir eine neue Geschäftsidee präsentiert wird, bekommst du plötzlich Gänsehaut am ganzen Körper.

Die Intuition fordert dich auf, dich auf den Weg deines Glücklichseins zu begeben. Dazu liefert sie dir unaufhörlich Impulse. Das tut sie bereits jetzt. Wenn du dich allerdings für sie öffnest, kommuniziert deine Intuition sogar noch deutlicher und stärker mit dir. Deine Intuition nährt deinen Verstand und bringt neue Informationen auf die Festplatte, von denen der Verstand profitieren kann. Der Verstand kann abwägen. Er wird die Impulse schubladisieren und ablegen. So wächst dein bewusstes Know-how und dein positiver Erfahrungsschatz wird größer. Du gewinnst an Umsetzungsstärke. Dem Ego fehlt die Unterscheidungsfähigkeit, die der Verstand mitbringt. So ist er gezwungen, in bester Firewall-Manier alles abzulehnen, was an Neuem zu dir kommt. Wenn du die Firewall deines Egos ausschaltest, so kannst du dich ganz auf Verstand und Intuition verlassen. Denn deine

Intuition hat eine Art natürliche Firewall integriert und du bekommst deine besten, maßgeschneiderten Suchergebnisse frei Haus geliefert. Erinnere dich: Deine Intuition wird aus dem Selbst genährt. Das ist deine Seele, dein höheres Selbst, dein Herz. Darum kannst du dich auf das Wohlwollen der Intuition verlassen und dass sie stets zum Besten für alle Beteiligten agiert.

GAME-CHANGER INTUITION

Tag eins im neu erstandenen Haus meiner Klientin: Sie öffnet die Haustür mit Schwung und noch mehr Freude. Plötzlich kommt ihr ein unrasierter Mann in Unterwäsche entgegen. »Hallo! Wer sind Sie?« Bernarda ist mehr überrascht als schockiert. Seit nunmehr drei Wochen ist sie Hausbesitzerin. Doch irgendetwas will nicht recht klappen – der Untermieter des Vorbesitzers zieht nicht aus. »Irgendwelche Troubles mit dem Mietvertrag des Untermieters«, lässt Bernarda mich im letzten Reading wissen. »Er läuft noch drei Monate.« Frustration macht sich breit. Eigentlich will Bernarda schon mit den Umbauarbeiten an ihrem Eigenheim beginnen. Ihr Anwalt rät ihr zu einer Räumungsklage. Doch Bernarda hat keine Lust, Zeit und Geld in etwas zu investieren, das der Vorbesitzer verbockt hat. Zudem macht der bärtige Mann in Unterwäsche klar, dass er vorhat, erst in einem halben Jahr auszuziehen. Guter Rat ist teuer. Wir lesen und befragen Bernardas Intuition zur Sachlage. Der Auftrag lautet eindeutig: »Löse das Problem auf einer anderen Ebene, als es entstanden ist!« Uns ist beiden klar, was das bedeutet.

Es heißt, dass auf der weltlichen Ebene nur die langwierige Räumungsklage bleibt. Aber auch, dass es eine Alternative gibt. Momentan steht Bernarda klein und ohnmächtig dem unrasierten, halbnackten Untermieter gegenüber. Sie sieht sich selbst noch nicht als Eigentümerin. Bernardas Intuition hingegen erkennt ihr Potenzial, sich in ihrer Größe zu entfalten, und hilft. Ganz konkret erhält meine Kundin Anweisungen, die ihre Ausstrahlung verändern. Bernarda lernt, sich selbst anders wahrzunehmen. Sie vollzieht einen inneren Wandel weg von einer abhängigen Wohnungsmieterin hin zu einer starken Hausbesitzerin. In ihr geschieht ein gewaltiger Sprung in Auftreten und Wirkung. Und weil Bernarda und ich schon viele Jahre sehr intensiv miteinander arbeiten, geht es danach ganz schnell. Drei Tage später schon der Anruf: »Corinna, du glaubst es nicht! Ich bin in meinem neuen Haus, ganz allein!« Denn: Gerade eben fand die offizielle Hausübergabe statt. Der Untermieter ist weg. Die Unterwäsche auch. Das Haus ist geräumt.

Fast unglaublich. Aber nur fast. Durch die Arbeit mit der Intuition im Supernetz hat Bernarda zuerst sich persönlich entwickelt und anschließend auf der Metaebene klare Verhältnisse geschaffen. Bernarda verstand, dass sie von nun an keine hinnehmende Mieterin mehr war, der die Hände gebunden sind, sondern ihr tatsächlich ein ganzes Grundstück samt Haus in bester Wiener Lage gehörte, für das sie nun die sorgende Aufsicht hatte. Sie wuchs in ihrer Größe und richtete sich zuerst innerlich auf. Sie begann, an sich und ihre Relevanz zu glauben, und erkannte, dass sie zählte. Es war ein großer innerer Wachstumsprozess, als sie Verantwortung übernahm und ihren Platz als Eigentümerin – zuerst innerlich – einnahm. Mithilfe ihrer Intuition beschritt sie auf der

Metaebene ihren Grund und Boden und lernte, sich dort zu Hause und wohlzufühlen. Sie erkannte, dass es ihr freudvolles Recht war, sich dort aufzuhalten, und dass sie diesen neuen Zustand genießen durfte. So veränderte sich zuerst ihre Ausstrahlung und im Folgenden ihr Auftreten. Anschließend konnte sie für sich eintreten. So hat sie den Vorbesitzer in die Verantwortung genommen und er hat gehandelt. Ich weiß, was das Lesen der Intuition und die Arbeit auf der Metaebene können. Trotzdem bin ich einfach nur geflasht, wenn ich solche Geschichten höre.

Die Intuition ins Team zu holen, hat mehrere Vorteile. Dabei geht es nicht primär um die Frage: Will ich die Intuition involvieren oder nicht? Will ich mithilfe der Intuition für ein besseres Leben sorgen oder gebe ich mich zufrieden damit, wie es ist? Intuition und das damit verbundene persönliche Wachstum sind von Haus aus in uns angelegt. Jeder und jede von uns beabsichtigt einen Wandel hin zum Besseren. Und während wir auf der einen Seite Angst vor Veränderung haben, gibt es auf der anderen Seite diesen Anteil in allen von uns, der nach Entwicklung strebt. Über diese allgemeine Sehnsucht in uns findet die Intuition selbst in den verkopftesten Erdenbürgern immer wieder Zugang und sät Samen. (Nebenbei bemerkt: Wenn du von dir behauptest, ein Kopfmensch zu sein, dann finde ich persönlich das wunderbar! Meiner Erfahrung nach haben sogenannte Kopfmenschen nämlich einen besonders klaren Zugang zur Intuition. Sie nutzen die Umsetzungsstärke des Verstandes, um strukturiert in den Intuitionskontakt zu gehen.) Ganz egal, wie offen oder verschlossen du bist, deine Intuition findet einen Weg. Du hast die Chance, es dir leichter zu machen und der Intuition ganz bewusst Raum zu geben. Die Intuition ist das

Sprachrohr deines wahren Selbst. Sie bringt die Botschaften aus deinem tiefsten Inneren an die Oberfläche. Das führt zu vielen Vorteilen.

Deine Intuition liefert ein Mehr an Informationen

In erster Linie bringt dir deine Intuition ein Mehr an Informationen – und zwar jene Informationen, die wichtig und tatsächlich auch zielgerichtet hilfreich sind. Allzu oft leiden wir an Reizüberflutung oder einem Informations-Overload. Während dein Verstand im Datenwirrwarr schnell die Flinte ins Korn wirft oder sich immer tiefer in ein Thema einliest und dabei schon fast zum Experten auf dem Gebiet wird, kann deine Intuition dir dabei helfen, dich nur mit den Informationen auseinanderzusetzen, die du für die Lösung des jeweiligen Problems tatsächlich benötigst. Mit der Intuition als Beraterin ist es also beispielsweise nicht notwendig, ein Technikstudium abzuschließen, um dich für eine Photovoltaikanlage entscheiden zu können. Der Verstand selektiert anhand der rechtlichen oder technischen Gegebenheiten vor, doch deine Intuition berät dich bei der finalen Entscheidung und weiß, welche Anlage besser zu deinen Lebensbedürfnissen passt oder für dich und deine Familie einfacher in der Handhabung ist, je nachdem, was laut deinem Inneren wichtig für dich ist. Deine Intuition überblickt dabei deine bewussten Anteile, deine unterbewussten Anteile und hat sogar Zugang zu deinem teils unbewussten Selbst. Das alles erkennt sie mit einer unglaublich wachen Intelligenz, die um ein Vielfaches größer ist, als wir es uns vorstellen können. So ist es ihr möglich, dass du auf den Punkt genau die Informationen erhältst, die jetzt wesentlich und bei deinem nächsten Schritt nützlich sind.

Das Tempo, mit dem deine Intuition die Informationen gewinnt bzw. sie ausspuckt, scheint für den ungeübten Neuling manchmal zu schnell. Da wird die effektiv beste Lösung präsentiert, ohne dass alle Fakten lange und gründlich abgewogen werden müssen. Genau das macht deine Intuition jedoch aus: Klarheit, Schnelligkeit, Zuverlässigkeit. Deine innere Stimme kennt dich in- und auswendig. Sie weiß immer, was am besten für dich ist. Wenn sie dann endlich gefragt und gehört wird, braucht sie natürlich nicht lange zu überlegen, sondern kommt zielgerichtet zum Kern.

Triff schneller und leichter bessere Entscheidungen

Wenn du weißt, was dich ausmacht und erfüllt, kannst du ganz automatisch leichter Entscheidungen treffen, die gut für dich sind. Angenommen, du suchst neue Büroräumlichkeiten. Du musst eine grundsätzliche Wahl treffen: ein kleines Häuschen im Grünen oder ein schickes Loft in der City. Wenn du weißt, wer du bist, dann wirst du schnell wissen, was für dich die optimalen räumlichen Bedingungen sind, um kreativ und effizient arbeiten zu können. Oder stell es dir anders vor: Du bist eine Blume. Weißt du, dass du eine Orchidee bist, dann weißt du auch, dass du nicht in der prallen Sonne stehen sollst. Werden dir dann zwei Standortmöglichkeiten angeboten – einmal südseitig und einmal ostseitig, dann weißt du, dass du die Location im Osten wählen wirst. Ebenso verhält es sich mit den Büroräumlichkeiten. Wenn du weißt, dass du ein Naturtyp bist, dann wirst du das City-Loft schnell als die Möglichkeit enttarnen können, die sie ist: ein Versuch, nach außen hin smart zu erscheinen. Und dann kannst du dich für die grüne Umgebung entscheiden, selbst wenn sie eine etwas längere Anfahrtszeit bedeutet. Doch du weißt auch: So kannst du erblühen. Wenn du verstanden hast, was dich im Inneren ausmacht, dann agierst du ganz natürlich diesem inneren Ich entsprechend. Du wirst mit den Entscheidungen, die du daraus resultierend viel schneller und leichter triffst, auch glücklicher sein.

Meine Klientin Stephanie, eine Malerin, kam zu mir mit einer scheinbar recht simplen Entscheidungsfrage: Welches Auto soll ich kaufen – das benzinschluckende, schnittige Cabriolet oder das ökologische, solide Familienfahrzeug? Stephanie war hin- und hergerissen: »Wenn ich meine Tochter vom Geigenunterricht abhole und wir noch Einkäufe erledigen, dann wäre die Familienkutsche praktisch. Ich brauche nicht darüber nachzudenken, ob alles Platz findet. Außerdem will ich nicht, dass die Nachbarn mich im Cabrio als präpotente Angeberin abstempeln, die zu viel Geld hat.« Alles klar, oder? Mitnichten! Stephanie kam zu mir, weil sie Zweifel an ihrer logischen und rationalen Überlegung hatte. Was wir entdeckten, als wir tiefer einstiegen: Stephanies Traurigkeit. In Stephanie gab es ein Verbot, luxuriöse Entscheidungen zu treffen, die hauptsächlich der Freude dienten. Sie hatte gelernt, dass sie als braves Mädchen rational praktische und nachvollziehbare Entscheidungen zu treffen hatte. Gleichzeitig machte dieses Verhalten Stephanie traurig, weil sie sich dadurch jede Freude versagte. Auf einer tieferen Erfahrungs- und Angstebene hatte Stephanie den Satz abgespeichert, dass Freude sinnlos ist. Nachdem Stephanie in der gemeinsamen Arbeit diese Traurigkeit abgelegt und verstanden hatte, dass Freude erlaubt war, konnte sie fühlen, wer sie war: eine dynamische und starke Frau, die ihrem bunten Innenleben gern Ausdruck verleiht. Genau deshalb kann sie ihren Beruf als Künstlerin so gut als Ausdruck ihres wahren Selbst leben. Wenige Monate nach unserem Treffen erhielt ich ein Foto, das eine freudestrahlende Stephanie vor einem quietschorangen Fun-Car zeigte.

Wenn du weißt, was dich ausmacht, was deine Bedürfnisse sind und wie du sie nähren kannst, triffst du automatisch die Entscheidungen, die maßgeschneidert individuell zu dir passen.

Deine Intuition lässt dich deine Wohlfühlstärken entwickeln

Jede und jeder von uns hat Stärken. Du selbst oder deine Freundinnen und Freunde werden garantiert starke Eigenschaften von dir nennen können. In der Arbeit mit deiner Intuition entwickelst du aber nicht bloß einfach deine Stärken. Vielmehr lässt dich deine Intuition deine Wohlfühlstärken entwickeln.

Ich kann zum Beispiel ganz wunderbar Lebensläufe und Bewerbungsschreiben so adaptieren, dass sie potenzielle Unternehmen überzeugen. Es ist die Stärke der Korrektur, die da in mir schlummert. Es ist eine Stärke, die ich über die

Jahre entwickelt habe. Aus meiner Erfahrung heraus – indem ich Lebensläufe anderer studiert, mein Curriculum Vitae immer topaktuell gehalten und in meinem Angestelltendasein die Lebensläufe vieler Bewerbungen für mein Team gesichtet habe. In meinem Familien- und Freundeskreis gibt es wenige Lebensläufe, die ich nicht lektoriert habe. Doch diese Stärke entwickelte sich aus meinem Verstand und der Übung heraus. Dieses Talent erfüllte mich nicht. Mir gefiel der Gedanke, hilfreich sein zu können, aber ein größerer Sinn entstand für mich dadurch nicht.

Machen dich deine normalen Stärken glücklich? Das, wofür andere dich loben und engagieren? Nicht jede Stärke ist eine, die du voller Überzeugung bejahen kannst. Klar, ich fühlte mich gebauchpinselt, als der Sohn meiner Freundin, ein promovierter WU-Absolvent, mich bat, seinen Lebenslauf gegenzulesen. Doch wenn ich ehrlich mit mir selbst bin, dann war es mein Ego, das sich wertvoll fühlen wollte, als es scheinbar gebraucht wurde. Ich spürte keine echte Freude darüber, dass ich eine natürliche Stärke von mir leben konnte.

Tiefer unter dieser antrainierten Verstandesstärke des Überarbeitens und Verbesserns steckt eine meiner echten Wohlfühlstärken: Klarheit. Während ich mit mir oder meinen Mentees Klarheit schaffe, fühle ich mich wohl. Dann geht es mir auf einer tieferen und erfüllenden Ebene gut. Meine Stärke des Optimierens entwickelte ich aus einer Notwendigkeit bzw. sogar einer Härte heraus. Ich folgte meinem inneren Zwang, auf mein Ziel einer erfolgreichen Karriere hinzuarbeiten. Dem inneren Zwang folgte dann der äußere: hinsetzen und Lebensläufe überarbeiten.

Suchst du deine echten Wohlfühlstärken? Beobachte dich und benenne die Dinge, die dir ganz leicht von der Hand gehen. Alles, was dir mühelos erscheint, kann sich ganz schnell als Stärke entpuppen. Überspringe dabei nicht die Eigenschaften von dir, die du als banal und selbstverständlich empfindest. Wenn du darin trainiert bist, dich selbst kleinzumachen oder über deine natürlichen Begabungen hinwegzugehen, dann frage wohlwollende Menschen in deinem Umfeld, damit du dein Licht nicht (wie gewohnt?) unter den Scheffel stellst. Sobald du im späteren Kapitel auch gelernt hast, mit deiner echten Intuition in Kontakt zu treten, befrage auch sie nach deinen natürlichen Gaben. Echte Stärken entstehen nicht aus Anstrengung. Wohlfühlstärken entstehen aus Leichtigkeit. Wohlfühlstärken machen dich glücklich, wenn du sie lebst. Es macht dich außerdem glücklicher, Stärken zu stärken, als vermeintliche Schwächen zu überwinden. Wenn wir davon sprechen, Schwächen zu überwinden, dann geht es meistens darum, mutmaßliche Fehler zu überwinden. Wenn du aber beginnst, deine Wohlfühlstärken bewusst zu leben und sie dadurch automatisch auszubauen, dann kommst du auch zum Erfolg und noch viel wichtiger: zur Erfüllung. Dich mit den eigenen Wohlfühlstärken zu identifizieren, bringt dich automatisch in eine neue Haltung, die dich nach außen hin selbstbewusster macht, weil sie dich im Inneren erfüllt. Deine Intuition verhilft dir dabei, genau diese Stärken in dir zu entdecken und dich darüber zu freuen, wenn du sie leben und teilen kannst. Für dich und für andere.

Deine Intuition bringt dich in eine starke innere Haltung

Wenn du weißt, wer du bist, kannst du dir vertrauen. Wenn du die Brücke zu deinem Selbst schlägst, entdeckst du dein wahres Wesen und kannst deine Werte erkennen. Dann hast du eine Basis, ein Fundament, auf dem du aufbauen kannst. Du entwickelst Integrität. Mit deiner inneren Haltung, basierend auf deinen Werten, positionierst du dich. Gerade wenn du als Solopreneurin oder Einzelunternehmer unterwegs bist, ist es wichtig zu wissen: Wofür steht meine Marke, mein Business? Du beziehst Stellung und klärst die Frage: Wer bin ich? Du bekommst eine Kontur, ein Profil. Es geht nicht darum, dass dich alle mögen und du für alle passt. Ganz im Gegenteil: Lieb, brav und nett zu sein, wird langfristig dazu führen, dass du dich aufreibst und so Kunden und Kundinnen verlierst. Ein Diamant hat unzählige Ecken und Kanten. Nur aus diesem Grund funkelt er so stark. Damit aus einem Rohdiamanten ein Brillant werden kann, müssen übrigens in etwa 55 bis 70 Prozent weggeschliffen werden. Eine starke innere Haltung zu haben, bedeutet daher auch, das loszulassen, was dir nicht entspricht. So kannst du noch deutlicher für das einstehen, was und wer du bist. Wenn du dich auf deine Intuition einlässt, geschieht genau das: Du trennst die Spreu vom Weizen. Du findest heraus, wer du bist, und kannst aus dieser Haltung heraus strahlen. Und nein, das muss nicht unbequem für andere sein, auch wenn sie dein Glitzern kurz blenden kann. Auf jeden Fall traust du dich, zu dir und deiner inneren Wahrheit zu stehen.

Deine Intuition heilt dich

Deine Intuition orientiert sich an der stärksten Kraft im Universum: der Liebe. Dadurch wirkt sie unglaublich heilsam. Dich nach innen zu orientieren und mit deiner Intuition in Verbindung zu treten, ermöglicht dir, neue Perspektiven einzunehmen. Über eine neue Sichtweise wirst du Schmerz überwinden lernen und Vergebung praktizieren können – ganz besonders dir selbst gegenüber, aber auch anderen. Die emotionalen Wunden, die du im Laufe deines Lebens erfahren hast, haben vielfach dazu geführt, dass du dein Herz verschlossen hast. Dieses Verschließen geschieht unbewusst. Du möchtest dich schützen und glaubst, dass ein geschlossenes Herz sicher ist. Doch wenn sich ein verletztes Herz schließt, dann verlierst du nicht nur die Herzensverbindung zu anderen, sondern es fehlt dir ganz besonders der immerwährende Zugang zu dir selbst und somit zu den Antworten in dir. Als emotional gesunder Mensch bist du auf eine natürliche und selbstverständliche Art mit dir und deinem Inneren verbunden, wodurch der Intuitionskontakt ganz automatisch gelingt. Doch wenn dein Herz hermetisch verriegelt ist, dann wird auch die klare und eindeutige Verbindung zu deiner Intuition und somit zu deinem wahren Selbst immer wieder unterbrochen. Du zweifelst. Dann verhältst du dich in Situationen nicht dir selbst entsprechend und reagierst nicht souverän, weil du fürchtest, dich falsch zu entscheiden und so einen erneuten Rückschlag, eine weitere Zurückweisung in Kauf nehmen zu müssen. Sobald du mithilfe deiner Intuition gelernt hast, Situationen und Erlebnisse aus deiner Gegenwart sowie aus deiner Vergangenheit von der Metaebene aus neu zu beleuchten, kommt es zur Erlösung. Da dich darüber hinaus jeder Intuitionskontakt näher an die Liebe in dir heranbringt, ist das Verbinden mit deiner inneren Führung selbst schon eine Art der Pflege, Selbstfürsorge und Heilung. Deine Intuition heilt dich somit in doppelter Hinsicht: Auf der einen Seite wirst du ganz praktisch Heilarbeit auf der emotionalen Ebene leisten können. Auf der anderen Seite wird sich durch die innere Genesung dein Herz wieder öffnen. So wirst du zu deiner dir angeborenen Verbindung mit deiner Intuition und der Liebe in dir zurückfinden.

Deine Intuition macht dich selbstbewusst

Das Selbstbewusstsein, das du erhältst, sobald du dich nach innen wendest, hat hier eine doppelte Bedeutung: Auf der einen Seite stärkt dich deine Intuition und verleiht dir ein natürlich kraftvolles Selbstbewusstsein, ein Auftreten, das du ausstrahlen kannst. Auf der anderen Seite wirst du dir deines Selbst bewusst. Deine Intuition schafft die Brücke zwischen deinem wahren Selbst und deinem bewussten Verstand. Wenn du »selbst-bewusst« wirst, dann holst du ganz viel von deinem Selbst an die Oberfläche. So kann dieses tiefste Selbst für dich und andere sichtbar werden. Dich authentisch mit deinem wahren Wesen zu erkennen, bringt dich in eine natürliche Sichtbarkeit. In ein souveränes und sicheres Selbstbewusstsein, das nicht aufgesetzt oder gekünstelt ist, sondern tief aus dir heraus entsteht.

Erinnere dich an Stephanie in ihrem orangefarbenen Sportwagen. Durch den Kontakt nach innen hat sie das Selbstbewusstsein entwickelt, zu sich und ihren Bedürfnissen zu stehen und selbstsicher Position zu beziehen.

Deine Intuition macht dich glücklich

Irgendwann im Leben wirst du dich entscheiden müssen: Willst du jemand sein, den oder die andere in dir sehen? Möchtest du diesem Bild, das dein Umfeld von dir hat, entsprechen? Oder willst du ganz du selbst sein? Ich unterstelle dir, dass du du selbst sein willst und im Zweifelsfall noch gar nicht weißt, was das alles beinhaltet. Daher mag sich dieser Weg anfangs unsicher und unbequem anfühlen und dich irritieren. Bei näherer Betrachtung entpuppt sich diese Scheu jedoch als unbegründet. Wenn du zu dir wirst, lernst du als Teil des Prozesses, dich von den Vorstellungen anderer zu lösen. Von den Vorstellungen, die sie bewusst auf der Verstandesebene äußern. Gleichzeitig aber auch von den Vorstellungen, die du ihnen ohne Echtheitsprüfung zuschreibst. Wir bewegen uns hier also auf den Ebenen des Eisbergs, die aus dem Wasser herausragen bzw. knapp darunter schlummern.

Auf die Intuition zu hören, verlangt manchmal von dir, dass du einen mutigen Schritt gehst. Es ist der notwendige Schritt, den du machen darfst, wenn du dich glücklich machen willst. Meiner Erfahrung nach geht es gar nicht anders, als dass dich der Zugang zu deiner Intuition und ihr Wissen letztendlich erfüllen. Wenn du weißt, wer du bist, wenn du deine Basis kennst, dann gibt es weniger Unbehagen. Dann können dich andere Menschen weniger in Zweifel ziehen. Vielleicht hörst du sogar ihre argwöhnischen Äußerungen, die zwischen den

Zeilen hervorblitzen, gar nicht mehr. Auf jeden Fall beeinträchtigen sie dich nicht länger. Du ziehst dich selbst weniger in Zweifel und agierst so, dass es zu deinem Besten ist. Das zahlt sich auf lange Sicht für alle Beteiligten aus. Dein Glücklichsein strahlt positiv auf andere aus. Du wirst, ob du es beabsichtigt hast oder nicht, zum Vorbild für andere. Du kommst besser klar mit deinen Mitmenschen, weil du es wagst, für dich einzustehen, und weil du dein Glück nicht mehr von ihrem Verhalten abhängig machst.

Als ich mich selbstständig mache und aus meinem Managerinnendasein ausbreche, begleiten mich ängstliche Gedanken: Wird mein Mann mich verlassen, wenn ich jetzt nicht mehr die toughe Karrierefrau bin, in die er sich verliebt hat? Wird er mich für verrückt halten, wenn ich mit der Ausrichtung nach innen statt mit einstudierter Logik an Problemlösungen herangehe? – Ich habe es riskiert. Ich bin das Risiko eingegangen, »ich« zu werden und mein Glück in meinem wahren Selbst und seinem Ausdruck zu finden, statt mich den bis dato geltenden Vorstellungen unserer Paarbeziehung zu unterwerfen. Weder er noch ich wussten damals, wie mein neues Ich genau aussehen würde. Weder er noch ich wussten damals, wie er darauf reagieren und ich damit umgehen würde. Aber es war der mutige Schritt hin zu mir, den ich aus einem unendlich starken inneren Antrieb heraus gehen musste, um mich selbst glücklich zu machen. In unserem Fall hat der Spruch »happy wife, happy life« zugetroffen. Denn auch mein Mann mag das wahre Ich, das aus meiner alten gezimmerten Ich-Illusion heraus entstanden ist. Nur glaube nicht, dass meine Verlustangst damit für immer vom Tisch war. Jedes Mal, wenn ich einen neuen Schritt gehen wollte, tiefer in mich vordrang, um mehr von meinem wahren Selbst an die Oberfläche zu bringen, musste ich mich hinsetzen und meine Intuition fragen: »Wie gehe ich mit dieser Verlustangst um? Was brauche ich, um den nächsten mutigen Schritt hin zu meinem Glücklichsein und meiner Selbstverwirklichung zu gehen?«

Treffen wir eine Entscheidung auf althergebrachte Weise, dann holen wir uns väterlichen Rat, löchern unsere Freundin mit allen Eventualitäten, sprechen mit unserem Coach oder machen unseren Partner mit einer wiederkehrenden Frage mürbe. Doch in dem Moment, in dem ich mich meiner Intuition als Beraterin zuwenden kann, brauche ich nicht mehr länger den Empfehlungen, den Wünschen, den Bildern anderer entsprechen. Dann kann ich authentisch dafür sorgen, dass es mir gut geht. Weil ich weiß, was ich brauche und wie ich dafür sorgen kann. In mir und in meiner unmittelbaren Welt, die mich umgibt. Das macht glücklich. Unglücklichsein rührt aus einer fehlenden Gewohnheit und aus fehlendem Wissen darüber, was wir ehrlich aus unserem Herzen heraus wollen. Uns fehlt das Wunschgefühl. Eine der meistgestellten Fragen, die ich in Readings gebeten werde zu lesen, lautet: »Was will ich? Corinna, ich weiß nicht, was ich wirklich will. Was macht mich glücklich?« Das ist leider unsere aktuelle Realität.

Über die Intuition kannst du dich nicht nur selbst finden, sondern auch selbst verwirklichen

Wenn du auf der Suche nach deiner Berufung bist, nach deiner Bestimmung, deinem Seelenplan, nach dem Sinn in deinem Leben, dann braucht es zuallererst den Kontakt nach innen. Nichts und niemand im Außen kann dich verstandesmäßig wissen lassen, wer du bist und warum du hier bist. Und ich würde dir tunlichst empfehlen, es dir auch von niemandem überstülpen zu lassen. Selbstfindung und Selbstverwirklichung sind zentrale Aspekte unseres Menschseins. Außenstehende können dich bei deinem Weg begleiten, dich anleiten, aber nur über die Intuition und den Zugang nach innen gelangst du zu deinem wahren Selbst. Du klärst, wer du bist und was dich ausmacht. Anschließend kannst du die Bedürfnisse deines wahren Ichs erfüllen. Die Antwort auf die Frage »Wer bin ich?« klärt zudem gleich dein Was und dein Warum. Die drei Fragen »Wer bin ich?«, »Was soll ich erfüllend tun?« und »Warum überhaupt?« sind ganz eng miteinander verknüpft. Wenn du weißt, wer du bist, dann weißt du automatisch auch, was du tun kannst. Nimm diese Frage mit auf die Reise durch dieses Buch und stelle sie deiner Intuition, sobald du für die Antworten bereit bist. Bleib dabei geduldig mit dir. Deine Intuition will sich dir sehnlichst offenbaren. Manchmal braucht es zu Beginn ein wenig, bis du weißt, wie genau sie das tut und wie du am besten nach innen lauschen kannst. Auch bei mir hat es gedauert, bis ich den klaren Kontakt zu mir selbst fand.

Zwei Jahrzehnte lang suche ich den Sinn meines Lebens. Ich lese Bücher mit Titeln ähnlich wie: »Finde dich selbst«, »Werde glücklich in drei Tagen« oder: »Du musst nur dieses eine Buch lesen und du hast deine Leidenschaft fürs Leben gefunden«. Ich habe Kurse, Trainings, Ausbildungen und Coachings besucht. Dem Sinn meines Lebens bin ich dadurch aber nicht nähergekommen. Weil ich mich nach wie vor sehr an der Oberfläche herumgetummelt habe. Ich habe mich bemüht, alles aus der Logik heraus (ich war und bin übrigens ein Kopfmensch) zu lösen. Erst als ich mir erlaubt habe, tiefer zu blicken und herauszufinden, was mich in meiner Essenz, in meinem Wesenskern ausmacht, hat meine Bestimmung kurz darauf so offensichtlich vor mir gelegen, dass ich mich gewundert habe, wie ich sie jemals nicht erkennen konnte. Durch die viele Vorarbeit, die ich in dem Bereich geleistet habe, geht plötzlich alles ganz leicht. Und damit geht die Erkenntnis einher, dass ich mit meiner beginnenden Selbstständigkeit bereits dabei bin, mich exakt meinem wahren Selbst entsprechend zu verwirklichen. Wenn du also wissen möchtest, welche Tätigkeit dich erfüllt und was du tun solltest, um dich zu verwirklichen, dann nutze deine Sparringspartnerin Intuition, um schneller ans Ziel zu kommen.

Mithilfe deiner Intuition erschaffst du Neues

Hast du dich erst einmal selbst gefunden, eine Schicht deines wahren Selbst freigelegt, dann kannst du dieses echte Ich in die Welt bringen. Du kannst Neues erschaffen – und zwar so, dass es dich erfüllt und dass es dich glücklich macht. Du bringst im wahrsten Sinne des Wortes dich selbst zum Ausdruck. Dein Leben wird Freude und deine Arbeit wird dein Spiel. Deine Intuition ist dabei deine Sparringspartnerin und weist dir in jedem Moment den Weg. Denn natürlich wird dein Weg am Anfang unklar sein. Wäre er klar, dann wäre er schon beschritten. Jede Person, die sich aufmacht, Neues zu erschaffen, wird mit Nebel und unklarer Sicht konfrontiert sein. Genau dann, wenn die äußeren Hilfsmittel versagen, die Nebelscheinwerfer unseres Lebens, die uns bisher als Orientierung gedient haben, unsere Eltern, unsere Partner und Partnerinnen, unsere Familie und unser Freundeskreis sowie unsere Kultur, genau dann braucht es ein starkes Licht, das im Inneren leuchtet und den Weg weist. Die Intuition ist dieses Licht in dir. Nein, auch sie wird nicht den gesamten Weg auf einmal beleuchten können. Doch sie wird dir immer den nächsten Schritt zeigen und dich leiten, mutig voranzuschreiten, um dich und dein authentisches Neues zu erschaffen. Deine Intuition kennt dich: Sie weiß in jedem Moment, was du brauchst, zum Beispiel ob dich jetzt eine Pause weiterbringt oder du noch einen engagierten Sprint hinlegen solltest. Sie weiß, wie du dein Neues, nach dem du dich sehnst, erreichen kannst. Du brauchst dich nur nach innen wenden und deine beste Ratgeberin zu befragen.

Dein Selbst gibt deinem Leben einen Sinn

Über die Intuition kommst du an dein Selbst heran. Dein Selbst zu kennen und es zu leben, das gibt deinem Leben einen Sinn. Individuell sowie kollektiv. Anstatt dich treiben zu lassen und dich beispielsweise mit zu viel Fernsehen, Alkohol, Sport oder Arbeit von dir abzulenken und Dinge im Außen zu tun, ist es besser, dich um dich selbst zu kümmern. Die Ablenkungen des Alltags und die selbstgeschaffenen Aktivitäten, die oftmals mehr Beschäftigungstherapie oder Aktionismus sind, damit dein Verstand etwas zu tun hat und dein Ego besänftigt ist, lenken dich nur ab. Wenn du nach innen gehst und herausfindest, wer du bist, dann weißt du auch, warum du da bist. Dann verstehst du, wie und warum du in das große Ganze hineinpasst. Dann wirst du nicht nur wissen, sondern in dir spüren, dass du unter den acht Milliarden Menschen, die aktuell auf unserem Planeten leben, wirklich zählst. Es macht einen Unterschied, ob du da bist oder nicht. Es macht einen Unterschied, ob du leuchtest, diamantenstark funkelst und sprühst oder nicht. Und auf einmal kannst du aus dem Gefühl einer Hoffnungslosigkeit oder Sinnleere, das du vielleicht – so wie ich – kennst, heraustreten und erkennen: Wenn ich jeden Tag danach trachte, mich selbst noch mehr nach innen auszurichten, noch mehr meiner Intuition und inneren Führung zu folgen, mich selbst zu finden, mich selbst zu verwirklichen, dann verändere ich nicht nur bei mir etwas zum Positiven, sondern auch alle(s) um mich herum.

EIN PLÄDOYER FÜR DEINE SELBSTFÜHRUNG

Du hast es in der Hand, wie dein Leben verläuft. Du bist nicht abhängig. Du bist nicht schwach. Du bist nicht blöd. Lass dir das von deinem Ego nicht einreden. Wenn du in diese Art Selbstverurteilung gehst und auch wenn du andere bewertest, dann hast du in jedem Moment gleichzeitig die Wahlmöglichkeit, diesen Teufelskreis zu durchbrechen. Wisse:

> » *Du bist immer stärker als dein Ego.* «

Dein Ego ist ein Mitarbeiter in deinem Unternehmen. Noch nicht einmal ein großer. Einfach nur ein Mitarbeiter. Ein willensstarker, ja. Doch einer, der für dich arbeitet, wenn du ihn lässt. Wenn du ihm die Position einräumst, die er tatsächlich innehat. Doch verliere dabei niemals aus den Augen, welche Rolle du in deinem Leben einnimmst: die des Chefs bzw. der Chefin.

Ja, du hast die Führung inne. Du bist der Boss in deinem Business, die Leiterin deines Lebens. Niemand sonst. Niemand sonst sitzt am Steuer. Niemand will deinen Posten. Doch wenn du den Job nicht machst, dann kommt das Ego und probiert sich aus. Dann fängt dein Leben an, aus den Fugen zu geraten. »Wenn die Katze aus dem Haus ist, dann tanzen die Mäuse auf dem Tisch.« Dieses Sprichwort hast du vielleicht schon einmal gehört. So ähnlich geht es in deinem Inneren zu, wenn du deine Verantwortung nicht klar anerkennst.

Tatsächlich darfst du in diese Chefinnenposition hineinwachsen. Der erste Schritt dazu: Ja sagen. Willst du dein Leben wieder selbst gestalten? Bist du bereit, die Verantwortung für dein Glück zu dir zu nehmen? Willst du dich unabhängig machen? Wahre Erfüllung entsteht, wenn du erkennst, dass du nicht von allen gemocht werden musst, aber gleichzeitig akzeptierst, dass du dein Leben, egal wie es verläuft, immer mit dir an deiner Seite verbringen wirst.

Führst du dein Leben an oder lenkt es dein Ego mit all seinen destruktiven Gedanken? Wenn dein Ego dominiert, dann brauchst du dich nicht zu wundern, wenn du an Stationen deines Lebens kommst, die du dir nicht gewünscht hast. Wenn du dein Leben führst, dann nimmst du wieder Platz im Boss-Bürostuhl und machst klare Ansagen. Du musst nicht permanent die Antwort auf alle Fragen haben. Das ist nicht Aufgabe einer Chefin oder eines Chefs. Nichtsdestotrotz schmeißt sie bzw. er den Laden. Indem sie oder er sich die besten Mitwirkenden für die besten Ergebnisse holt: die *Intuition* als Beraterin, den *Verstand* als Umsetzer, das *Ego*, um dranzubleiben.

Manchmal wird sich ein Weg als Umweg entpuppen. Als Erfahrung, um zu erkennen: Den Blödsinn brauche ich kein zweites Mal zu erleben. Dann kannst du gegensteuern. Aber nur, wenn du die Zügel in der Hand hältst. Wenn du deine Verantwortung wahrnimmst. Verantwortung zu tragen bedeutet, Entscheidungen treffen zu können. Bewusst und absichtlich deinem Leben eine Richtung zu geben, die sinnvoll für dich ist. Entscheidungen zu treffen, das ist ein großes Privileg deines Lebens. Ein Geschenk. Nimm dieses Geschenk an. Denn wenn du es nicht tust, dann wird für dich entschieden und du musst mit dem leben, was dir widerfährt.

Wie viel schöner und bereichernder ist es da doch, wenn du zu dir selbst vordringst. Der Intuition zu vertrauen, bedeutet auch, einen Weg einzuschlagen, dessen Ende du noch nicht kennst. Aber welches Ende kennst du schon? Deiner Intuition zu vertrauen, bedeutet, den Ausgang nicht zu kennen, nicht die Antworten auf alle Fragen zu haben und gleichzeitig zu fühlen, dass dieser nächste Schritt passend ist. Auch wenn er anders ist als das Gewohnte. Vor allem dann. Der Weg führt zu dir.

Ich bin eine leidenschaftliche Verfechterin von Selbstverantwortung. Meine Bestimmung ist es, Menschen in ihre Freiheit zu führen. Ich beschäftige mich daher naturgemäß mit den Themen Freiheit und Führung. Wir alle sind Führungskräfte, Führungskräfte unseres Lebens. Ob du es wahrhaben willst oder nicht: Du hast dich selbst an den Punkt in deinem Leben geführt, an dem du jetzt stehst. Dadurch, dass du bewusste Entscheidungen in Härte oder Liebe getroffen hast. Dadurch, dass du es vermieden hast, manche Entscheidungen zu treffen. Dadurch, dass du es deinem Ego, deinem Partner, deinen Eltern erlaubt hast, diese für dich zu treffen. Du kannst nichts für die Umstände deines Lebens, aber du hast die Kraft, für neue Umstände zu sorgen. Fange an, Entscheidungen ganz bewusst selbst zu treffen. Fange an, für dich selbst einzustehen. Fange an, die Verantwortung für dich selbst zu übernehmen. Sei bewusst und aktiv die Führungskraft deines Lebens. Indirekt warst du das sowieso schon immer. Das Leben wird ungemein reicher, erfüllter und aufregender, wenn du diese Macht der Entscheidung in dir selbst wieder anerkennst.

Selbstverantwortung bedeutet: absolut aufrichtig und ehrlich mit dir zu sein und innere Klarheit zu akzeptieren. In jeder und jedem von uns gibt es innere Klarheit. Innere Klarheit ist Intuition. Innere Klarheit mag manchmal unbequem für dich sein oder auch für andere, weil sie von deiner Norm abweicht. Weil sie mutig ist und dich so verletzlich macht. Weil sie dir zeigt, wer du wirklich bist. Und nicht, wer du glaubst zu sein. Ein »So bin ich halt« wird sich auflösen. Weil du dich in jedem Moment neu entscheiden kannst, welchen Weg du gehst und so ein neues Ich erschaffst.

Arbeit mit Intuition ist die schönste Arbeit, die du tun kannst. Arbeit mit der Intuition ist innere Arbeit. Innere Arbeit, die sich äußerlich zeigen darf. Intuition lässt dich innerlich fühlen, was dein Weg ist. Dieses Gefühl kannst du daraufhin nach außen bringen. Hol deine Verantwortung, deine Entscheidungsfreiheit, deine Stärke zu dir zurück. Entscheide dich dafür, dein Leben zu leben. Entscheide dich für ein Leben voller Authentizität und Erfüllung. Entscheide dich dafür, die Intuition als Beraterin in dein Leben zu holen, dich ihr anzuvertrauen, ihr zu vertrauen. Dich dir selbst zuzuwenden und deine eigene Weisheit anzuerkennen, ist der einzig nachhaltige Weg für ein authentisches und erfülltes Leben.

Was bedeutet es konkret, *Ja* zu sagen zu deiner Verantwortung? Es bedeutet, Ursachen in dir zu transformieren. Es bedeutet, den Schmerz in dir zu heilen. Es bedeutet, neue Software auf deiner Festplatte zu installieren. Es bedeutet, die

Schönheit in dir zum Ausdruck zu bringen. Es bedeutet zu erkennen, dass alles, was du jemals gesucht hast, in dir selbst zu finden ist. Fange an, Nähe, Vertrauen und Achtsamkeit mit dir selbst aufzubauen. So holst du die Intuition in dein Boot. So machst du die Intuition zu deiner wertvollen Beraterin. So lebst du dich und dein Leben.

Verantwortung ist wunderschön. Verantwortung zu tragen, macht dich frei. Weil du loslassen kannst von den Umständen, die dir im Leben begegnen. Weil du Chefin oder Chef deines Lebens wirst. In großen Unternehmen ist es so: Je höher du die Karriereleiter steigst, umso weniger operativ wird deine Arbeit werden, aber umso verantwortungsvoller. Du wirst weniger eingebunden sein ins Tagesgeschäft, dafür aber Entscheidungen treffen, die weitreichender sind für das Unternehmen. So ähnlich verhält es sich mit der Führungsaufgabe in deinem Leben: Je weiter du kommen möchtest, also je erfüllter du leben willst, umso mehr Verantwortung wirst du übernehmen müssen. Das bedeutet nicht, dass du dich als Einzelunternehmerin oder Solopreneur nicht mehr um das Tagesgeschäft in deinem Business kümmern musst. Vielmehr werden dir die täglichen kleineren Entscheidungen leicht von der Hand gehen, wenn du im größeren Rahmen Verantwortung für dein Leben übernommen hast.

Entscheide dich: Wie erfüllt willst du leben? Und dann entscheide dich, wer ins Bossbüro einziehen soll. Deine Intuition wird es dir danken, wenn du dich dafür entscheidest, selbst auf dem Chefsessel bzw. dem Chefinnensessel Platz zu nehmen. Dann braucht sie nicht mehr ständig in den Clinch mit deinem Ego zu gehen. Dann kannst du beide führen. Informationen aus dem Supernetz werden die aufbäumende Firewall schneller überwinden können, wenn du Intuition und Verstand ihren Talenten entsprechend einsetzt. Um über die Intuition echte Informationen aus dem Supernetz zu erhalten, braucht es deine Klarheit. Deine Präsenz. Dein Ausfüllen und Wahrnehmen der Führungsrolle in deinem Unternehmen, deinem Leben. Und genau dann fühlen sich Entscheidungen plötzlich nicht mehr schwer an. Wenn du Chefin oder Chef bist, dann verlieren Möglichkeiten ihre Angst und werden zu Chancen. Intuition lebst du, wenn das Leben leicht geht.

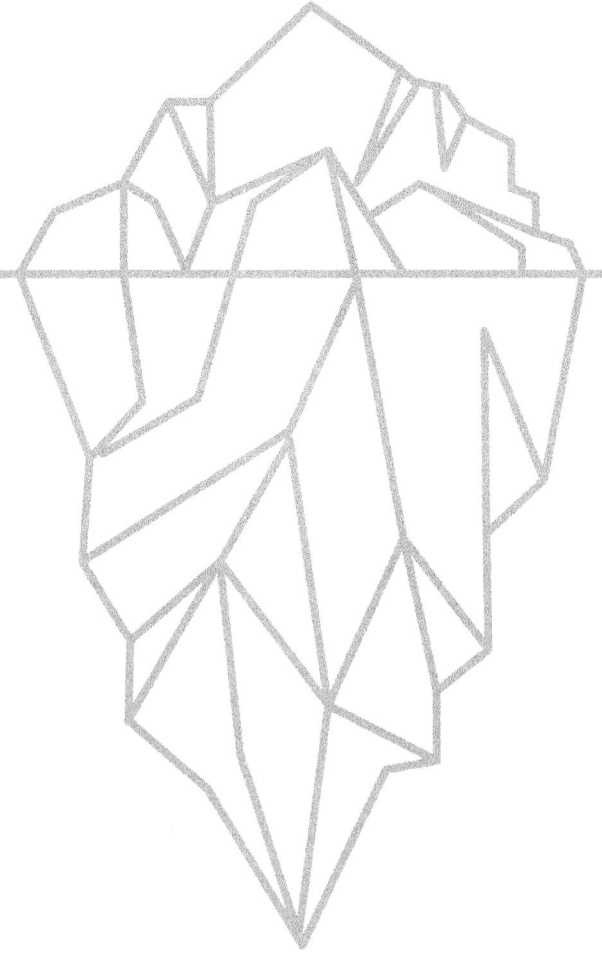

Der Weg nach innen

DEIN WAHRES SELBST

Zu Beginn unserer gemeinsamen Reise habe ich dich nach deinem Wunsch gefragt. Das möchte ich nun wiederholen: Was wünschst du dir? Benenne es. Sind es mehr Kunden und Kundinnen? Ist es eine Partnerschaft? Willst du dich selbst finden? Nun gehe eine Ebene weiter und kläre das Gefühl hinter deinem Wunsch, wenn er in Erfüllung geht: Wie fühlst du dich, wenn sich das Ziel tatsächlich einstellt? Gib auch diesem Gefühl einen Namen. So kommst du vom Denken ins Fühlen. So kommst du vom Verstand ins Gefühl, in die Intuition und damit ins Herz. Nur wenn du dich für diese Ebene öffnen kannst, wirst du Erfüllung finden. Um dir die Bedeutung deines wahren Selbst deutlich zu machen und so den Weg zu ebnen für deine Erfüllung, ziehe ich gern mein Gold-Schwarz-Gold-Prinzip als Bild heran. Du kannst dir dafür ein Ei vorstellen, das sich aus den drei einander umgebenden Schichten (Gold, Schwarz, Gold), die für jeweils einen anderen Anteil von uns stehen, zusammensetzt. Beginnen wir mit der äußersten Goldschicht. Sie ist wie die Schale eines Eis: für alle im Außen sichtbar. Sie wird aktiviert, wenn wir uns den lieben langen Tag zu leuchten bemühen. Wir wahren den Schein. Wir möchten uns von unserer besten Seite zeigen. Nicht nur beim Vorstellungsgespräch oder beim ersten Date. Dabei bauen wir ein Image auf und pflegen dieses: Sie positioniert sich im Bewerbungsgespräch als Problemlöserin, er fährt bei der Verabredung als galanter Mann die Charmeoffensive. Sie begeistert die Chefetage mit neuen Ideen, er sorgt gewissenhaft für deren Umsetzung. So werden uns von klein auf Rollen zugeschrieben, die wir pflichtgetreu erfüllen. Gegen manche von ihnen rebellieren wir, um sie durch andere Bilder von uns zu ersetzen, mit denen wir lieber beschrieben werden wollen. Oder aber wir zimmern diese Images selbst, weil wir uns in ihnen gefallen. Worum es aber zum größten Teil geht, ist Selbstdarstellung. Wir möchten ein Bild abgeben und auf eine ganz bestimmte Art wahrgenommen werden oder uns selbst so wahrnehmen. Wir wollen nach außen hin glänzen und golden leuchten. Da ist die äußere Schicht des Gold-Schwarz-Gold-Prinzips. Meist ist diese erste äußere Schicht filigran. Oft kostet es uns viel Mühe, diese hauchzarte Schicht aufrechtzuerhalten und sie permanent golden schimmern zu lassen. Das kommt daher, weil wir hinter dieser äußeren dünnen Goldschicht etwas Dunkles wahrnehmen, etwas Schwarzes. Einen Teil von uns, den wir lieber im Verborgenen wissen wollen. Das ist die zweite Ebene des Gold-Schwarz-Gold-Prinzips.

Diese zweite Schicht ist eine Ebene, die wir vor anderen und noch viel öfter vor uns selbst verstecken wollen. Dabei handelt es sich um unsere vermeintlichen Schwächen. Um die Eigenschaften, für die wir uns schämen, weil wir gelernt haben, dass diese Anteile nicht akzeptiert und willkommen sind, wenn sie durchbrechen. Und weil wir glauben, nicht liebenswert zu sein, sollten diese vermeintlichen Makel zum Vorschein kommen. Diese schwarzen Anteile in uns versuchen wir zu übertünchen, indem wir sie nach außen hin mit Gold anpinseln. So wie ich, wenn ich bei einem Bewerbungsgespräch nach meinen Schwächen gefragt wurde und pflichtschuldig den schwarzen Perfektionismus anführte. Nur um umgehend danach die vielen goldenen Vorteile, die sich aus meinem 200-Prozent-Wahn für das Unternehmen ergeben, zu nennen. Natürlich willst du dich von deiner besten Seite zeigen, wenn du einen Pitch, ein Kooperationsgespräch oder deinen ersten Elternabend hast. Daran ist nichts verkehrt. Knifflig wird die Sache nur, sobald sie beginnt, dir Energie zu rauben. Wenn du so beschäftigt mit dem Darstellen bist, dass du darüber vergisst, wer du wirklich bist. Oder sogar noch schlimmer: Wenn du vielleicht sogar glaubst, dass du das Schwarze bist, nur das Schwarze hinter der dünnen Goldschicht, und du aus diesem Grund eine regelrechte Show abziehen musst, um dich überhaupt gesehen und akzeptiert zu fühlen.

Doch du bist mehr. Du bist mehr, als du glaubst. So viel mehr. Lass dich ein und gehe mit mir noch einen Schritt tiefer, durch das Dunkle hindurch. Da gibt es etwas, das es wert ist, entdeckt zu werden. Da ist ein starker, goldener, innerer Kern. Keine Schicht mehr, sondern etwas, das Substanz hat. Dein wahres Selbst. Gold-Schwarz-Gold. Der Unterschied zwischen der Goldschicht nach außen und dem Gold im Inneren ist die Tatsache, dass dieser Kern massiv ist. Mein Mann würde jetzt sagen: »Das ist nicht einfach nur Furnier, sondern Vollholz.« Dein Kern ist durch und durch Gold pur. Das bist du mit deinem Selbst. In deiner reinsten, klarsten, kraftvollsten und unschuldigsten Essenz. So, wie du wirklich bist. Ohne Anstrengung und ohne Mühe und vor allem ganz ohne (falsche) Fassade. Unser Goldnugget wird leicht sichtbar, wenn wir uns mit Kindern oder Babys beschäftigen. Der Großteil von uns reflektiert automatisch auf ein Kleinkind. Wenn wir in Kinderwagen linsen oder ein Baby treffen, dann sehen wir wie selbstverständlich die Unschuld, die Reinheit in dem kleinen Lebewesen. Dann lächeln wir, weil wir das Goldnugget sehen. Weil unsere pure Essenz die heilige Unschuld im Gegenüber erkennt. Weil wir selbst unsere eigene Vollkommenheit im Gegenüber gespiegelt bekommen. Und weil wir in diesem Moment frei von der Last des Dunklen sind, das uns umgibt, oder von der zerbrechlichen Goldschicht im Außen.

Warum können wir uns aber nicht immer im Zustand des Goldnuggets fühlen und genießen? Schlicht und einfach: weil wir gelernt haben, uns anzupassen. Wir lernen, uns anzugleichen an unsere Umwelt, um unseren Platz in der Gemeinschaft zu finden und zu sichern. So prägt sich Stück für Stück unsere Persönlichkeit aus. Das Goldnugget existiert in jedem von uns unerschütterlich. Es ist das Selbst, das uns in unserer Essenz ausmacht. Darüber legt sich im Laufe der Jahre eine Persönlichkeit, eine Ausstrahlung. Sie ist eine Kombination aus wahrem Selbst und antrainierter Anpassung an unser Umfeld. Wir entwickeln einen Charakter, der nach außen wirkt und für andere sichtbar wird. Wir erfahren, dass es Anteile von uns gibt, die für andere nicht liebenswert sind. Um dazuzugehören, verstecken wir sie. Schieben sie weg von uns und bringen sie so in die Dunkelheit. Ablehnung um Ablehnung vergrößert sich dadurch der schwarze Schatten um uns herum. Mehr und mehr konzentrieren wir uns auf das Vermeiden von Stolperfallen, die uns in die Nicht-Akzeptanz anderer hineinführen. Solange, bis wir selbst Anteile von uns ablehnen und die schwarze Schicht dichter und dichter wird. Als soziale Wesen sind wir angewiesen auf die Zugehörigkeit zu einer Gemeinschaft. Darüber hinaus wollen wir einen Beitrag in dieser leisten. So gewöhnen wir uns an, jene Anteile von uns nach außen schimmern zu lassen, von denen wir annehmen, dass sie gebraucht werden und gewollt sind. Damit wir unseren Platz in der Gruppe finden können. Anfangs besteht unsere Gemeinschaft meist aus einer Handvoll Menschen: Eltern und Geschwister. Schnell erweitert sie sich um Großeltern, Verwandtschaft, Kindergarten, Schule, Freundeskreis, Job, Gemeinde. Je mehr wir uns anpassen, umso stärker verbiegen wir uns. Die dunkle Schicht wird größer. Damit fällt es uns zunehmend schwerer, die goldene Blendschicht nach außen hin aufrechtzuerhalten. Gleichzeitig zementieren wir manche Goldfäden der Außenschicht so brutal in unsere Persönlichkeit hinein, dass wir irgendwann tatsächlich überzeugt sind, so zu sein. Stichwort: »So bin ich halt«. Wir erklären uns, statt uns mit unseren Verhaltensmustern zu hinterfragen. Dann sagen wir: »Ich bin halt perfektionistisch. Ich kann nur unter Druck gut arbeiten. Ich kann nicht vertrauen. Ich muss mich mehrmals absichern, auch wenn ich alle damit nerve. Ich kann nicht für mich einstehen. Ich bin die graue Maus. Ich gehe über Leichen.« So fokussiert auf das, was wir brauchen, um unseren Mangel zu kaschieren, und wie wir glauben zu sein, übersehen wir, dass es da noch dieses Goldnugget gibt. Natürlich wirkt das Goldnugget, unser massiver schöner Wesenskern, durch die Dunkelheit hindurch. Wir vertrauen ihm aber immer seltener und verlieren so schließlich den Bezug zu uns selbst. Der Goldkern existiert weiter, ob du dir seiner Existenz bewusst bist oder nicht. Ob du die Schönheit in dir wahrhaben willst oder nicht. Ob du dich mit deiner Vollkommenheit, Reinheit und Großartigkeit annimmst oder nicht. Dein wahres Selbst wartet geduldig darauf, bis du bereit bist. Sobald du an den Punkt deines Lebens kommst, wo die Sehnsucht nach Erfüllung und Friede, nach Ankommen und Flow groß genug ist, kannst du damit beginnen, dein wahres Selbst zu entdecken.

Das geht im ersten Schritt, indem du etwas von der Energie, die du zum Aufrechterhalten der äußeren Goldschicht verwendest hast, abziehst. Du kannst dir innerlich eingestehen:

Die anderen denken sowieso, was sie wollen. Ganz egal, wie sehr ich mich bemühe. Ihr Denken ist ihre Angelegenheit und ich erlaube ihnen jetzt zu denken, was immer sie wollen. Die Ironie dahinter: Die Menschen denken sowieso, was sie wollen. In diesen Prozess oder Vorgang kannst du gar nicht eingreifen. Mit deinem Bemühen, in der furnierten Goldschicht ein bestimmtes Bild abzugeben, hast du also einfach Energie verschwendet. Energie, die du nun schrittweise reduzieren und dazu nutzen kannst, deine Augen nicht mehr nur nach außen, sondern auch explizit nach innen zu richten. Du machst dir das Geschenk deiner Aufmerksamkeit. Es braucht ein bisschen Mut und ein wenig Durchhaltevermögen, um dich durch diesen schwarzen Dschungel hindurchzuwagen und zu dem goldenen Wesenskern vorzudringen. Dein goldenes Selbst ist da und wartet nur darauf, dass du die Schatten hinter dir lässt und dich deinem inneren Strahlen zuwendest. Wisse an dieser Stelle auch, dass das, womit du oftmals am allermeisten in deinem Leben haderst, deine größte Gabe ist. Ich zum Beispiel habe mich mein halbes Leben lang nicht zugehörig oder passend gefühlt. Heute verstehe ich, dass ich als Wegweiserin zwar einen starken Bezug zur Gruppe habe, doch dass ich gleichzeitig immer wieder Zeit allein und außerhalb dieser Gemeinschaft benötige, um Wege zu beschreiten, die ich anschließend anderen zeigen kann. Auch du hast Talente und Stärken, die dich von anderen unterscheiden. Diese herausragenden Eigenschaften sind oft jene, die du vielleicht besonders hart an dir selbst kritisierst oder die besonders oft von anderen abgelehnt werden. Weil du hier eine Spitze hast, eine Ausprägung, die andere eben nicht haben. Damit ragst du heraus. Da du aber dazugehören möchtest, bemühst du dich, diese Zacke deiner Krone abzuschleifen. Du machst dich schwächer, gibst dich kleiner, dümmer oder wütender, als du in Wahrheit bist. Doch es ist genau diese Facette von dir, diese Kante, die deinen Diamanten strahlen lässt. Sie ist ein Teil deines wahren Selbst, deiner Gabe, deines Geschenks an die Welt.

Lange haderte ich mit meinem Tiefgang. Nie war es genug. Immer tiefer wollte ich Aspekte unserer Welt und unseres Seins als Menschen in ihrer Gesamtheit verstehen. Kaum hatte ich eine neue Ebene an Verständnis, Wissen und Klarheit erreicht, stand schon wieder dieselbe Frage im Raum: »Und jetzt? Wie kann ich es noch vollständiger und perfekter erforschen?« Anschließend verurteilte ich mich selbst, weil ich es nicht gut sein lassen konnte. Tiefgang gehört zu meinen Wohlfühlstärken, das weiß ich heute. Doch erst als ich mich durch das dunkle Dickicht aus Perfektionismus und Selbstverurteilung gewühlt und davon befreit hatte, verschwanden Schwere und Unruhe aus mir. Tiefgang darf mit Leichtigkeit gelingen. So ist es in meinem Goldnugget angelegt. Ich kann aufhören, das zerstörerische Warum-Spiel zu spielen, das ich so viele Jahre lang liebte und lebte. Kennst du das Warum-Spiel auch? Anstatt nach Lösungen zu streben, suchen wir nach Gründen: Warum habe ich keinen Partner? Warum mag mich die Kollegin nicht? Warum ist das Leben schwer? Warum gibt es böse Menschen? Warum kann ich nicht glücklich sein? Warum? Warum? Warum? Irgendwann zimmern wir uns irgendwie eine Erklärung zurecht, doch das löst nicht eines unserer Probleme. Wir bleiben in der schwarzen Schicht gefangen und liefern Gründe wie: »Meine Eltern haben sich früh scheiden lassen, deshalb bin ich nicht beziehungsfähig« oder: »Meine Kollegin ist neidisch auf meinen Erfolg, deshalb mobbt sie mich.« Wir biegen uns die Erklärungen zurecht, weil wir nur so unsere äußere Goldschicht vor uns selbst aufrechterhalten. Dich durch die schwarze Schicht durchzuwühlen heißt nicht, eine Warum-Frage nach der anderen zu klären, sondern die genaue Kehrtwende zu machen und dich stattdessen zu fragen: »Wie kann ich diesen schwarzen Anteil als Wegweiser zu meinem wahren Ich nutzen?« Da du unwissentlich gelernt hast, dein wahres Wesen zu verstecken und mit allerlei Dunkelheit zu überlagern, ist genau diese Schwärze die perfekte Hilfestellung durch das Dickicht hindurch. Denn dann kannst du zum Beispiel so wie ich erkennen, dass Tiefgang leichter und kraftvoller gelingt, wenn du Frieden schließt mit der eigenen Warum-Fragerei. Im Anschluss kannst du feststellen, dass du mit deinem eigenen Tiefgang als Goldnugget andere Menschen dabei begleiten kannst, ihre eigene Tiefe zu erforschen und ihre unermessliche Schönheit darin zu erkennen. Ich bin zu einer Goldgräberin und zu einer Traumfängerin geworden und habe keine Angst mehr vor dem Morast, der sich mir und anderen dabei in den Weg stellt. Wenn du deinen Wesenskern entdeckst, dann findest du dich selbst. Und mit der Selbstfindung eröffnest du dir andere wundervolle Zustände: Friede, Erfüllung, Freude, Fülle, Vertrauen, Liebe. Diese wahren Gefühle machen dich stark. So stark, dass du dich danach selbst verwirklichen kannst und auch bereit bist, noch tiefer zu graben.

Dich und dein wahres Selbst zu entdecken, ist eine aufregende und lebenslange Reise. Jedes Mal, wenn du einen Weg von außen nach innen gewagt und damit etwas von dem dunklen Sumpf geklärt hast, legst du einen Aspekt von dir selbst frei. Eine Facette des Diamanten strahlt. Dann noch eine und noch eine. Manchmal wirst du glauben, wieder zum Anfang zurückgekehrt zu sein. So wie bei den Leiterspielen aus der Kindheit. Du würfelst eine Sechs, purzelst die Leiter hinunter und es heißt »Gehe zurück zum Start.« Tatsächlich verhält es sich mit der Entdeckung deines wahren Selbst aber anders. Stell dir dein Leben vor wie eine Spirale: Immer höher schraubst du dich. Jedes Mal, wenn du an den inneren Schrauben drehst, wächst du auch äußerlich. Sumpf für Sumpf durchquerst du. Einen Weg nach dem anderen durch das dunkle Dickicht hindurch legst du frei. In der Mitte deiner Spirale liegt dein wahres Selbst. Es begleitet und führt dich. Klar tauchen da immer mal wieder ähnliche Themen auf. Es ist möglich bzw. sogar wahrscheinlich, dass sich bei dir Frustration einstellt. »Wie oft soll ich mir denn das Thema mit meinen Eltern noch ansehen?«, wirst du dich vielleicht irgendwann fragen. Tatsächlich ist es aber nicht dasselbe Thema. Vielmehr ist es ein neuer Aspekt des gleichen Themenkomplexes. Aus deiner Expertise mit deiner inneren Arbeit wirst du manche Runden auf deiner Aufwärtsspirale schneller drehen. Andere wiederum wirst du in einer neuen Tiefe erfahren können. Wenn du deine inneren Hürden meisterst und den dunklen Sumpf tatsächlich klärst, dann wanderst du nach oben und entwickelst dich. Du profitierst von den positiven Erlebnissen deiner inneren Entdeckungsreise und findest Kraft sowie Mut, um weiterzuwachsen. Jedes Mal, wenn du den Sumpf geklärt und gereinigt hast, geschieht außerdem noch etwas anderes: Indem du eine Facette deines Selbst freilegst, öffnest du eine Schleuse. So findet dein inneres Leuchten einen Weg hinaus. Vom Goldnugget durch den mittlerweile geebneten und daher nicht mehr dunklen Weg nach draußen, vorbei an der goldenen Blendschicht, hinaus in die Welt.

Erinnere dich, als du dich das letzte Mal im Flow erlebt hast. Wann hattest du zuletzt das Gefühl, dass es läuft? Genau in diesem Moment konnte dein wahres Selbst nach außen für dich wirken. Du warst nach innen verbunden mit deinem Wesenskern. So fühlt es sich an, bei dir selbst anzukommen, dein wahres Selbst erschlossen zu haben. Wenn du jetzt aber nicht sicher bist, ob deine dünne goldene Außenschicht oder dein wahrer massiver Kern für dieses Freudegefühl in dir gesorgt hat, so kannst du zur Unterscheidungsfähigkeit gelangen, wenn du für einen Moment mit dir in Ruhe bist. Wenn das Gefühl echt ist und eben keine geheuchelte, falsche oder gekünstelte Emotion, dann geht es tiefer. Du fühlst dich innerlich satt und zufrieden. So wie nach einer nahrhaften Mahlzeit. Wenn du tatsächlich im Flow bist, dann vergeudest du keine Mühe damit, deine äußere Goldschicht aufrechtzuerhalten. Vielmehr ist es dir egal, ob sie existiert, denn dann fließt es von innen heraus, dein Gold, dein wahres Ich. Und du strahlst. Je öfter du dich selbstverantwortlich durch den schwarzen Tunnel hindurchwagst und je intensiver du dich damit auf dich selbst einlässt, desto mehr Schleusen öffnen sich – hin zu deinem Goldnugget und gleichzeitig aus ihm heraus. Und umso mehr Licht kannst du in die Welt bringen. Du erhellst deinen Weg und, ob es deine Absicht ist oder nicht, auch den Weg anderer.

Der einzige Weg, den du gehen kannst, um dir deine Wünsche zu erfüllen, ist jener, der dich nach innen führt. Er ist es, der dich hin zu deinem wahren Selbst leitet. Dort warten die Antworten auf dich. Die Lösungen. Denn in dir bist du heil. Dein goldener Wesenskern wartet nicht nur mit Erfüllung auf, sondern auch mit der Heilung deines Schmerzes. Die dunkle Schicht zwischen deinem Bild, das du nach außen abgibst, und deinem wahren Selbst, ist eine Ebene, die voll ist von Schmerz: Angst, Verunsicherung, Selbstzweifel, ja sogar Selbsthass. Die Reise kann dich an manche Punkte führen, die du lieber nicht sehen möchtest. Doch aus meiner eigenen Erfahrung heraus und der Erfahrung mit unzähligen Menschen, die ich begleiten durfte, kann ich dir versichern: Es lohnt sich. Wenn du bereit bist, zuerst den Schmerz zu fühlen, dann kannst du danach auch dein aufrichtiges Glücklichsein wahrnehmen und es als echt und nährend erleben. Solange du im Denken bleibst, wird der Schmerz dir wehtun und die Freude wird an der Oberfläche dümpeln. Heilung für deinen emotionalen Schmerz erfährst du ebenfalls an dem Ort deines Ursprungs, deinem wahren Selbst. Um also dein Ziel zu erreichen, das du zu Beginn unseres Weges definiert hast, sowohl dein äußeres Ziel als auch dein tatsächliches Wunschgefühl dahinter, frage dich bitte: Welchen Schmerz habe ich zu überwinden? Wovon gilt es loszulassen? Von welchem Glauben muss ich mich verabschieden? Damit identifizierst du den Sumpf zuerst auf der Verstandesebene. Die Intuition hilft dir dann weiter, um zu den wahren Ursachen und den besten Lösungen zu finden. Damit du eine Unterscheidungsfähigkeit zwischen Verstand und Intuition entwickeln kannst, hilft es, die Kennzeichen deiner Intuition zu erkennen.

WIE DU ZWISCHEN KOPF UND HERZ UNTERSCHEIDEST

Alles in unserem Leben besteht aus Energie, aus feststofflichen und feinstofflichen Anteilen. Schwingung. Das, was wir sehen, wenn wir den Körper betrachten, ist frei übersetzt »feste Energie«. Aber natürlich gibt es noch viel mehr als diese feste Energie. So, wie wir mit den Augen, die nach außen gerichtet sind, den Körper und alles Feststoffliche auf der Welt sehen können, so können unsere inneren Augen das Feinstoffliche wahrnehmen. Wir alle können das. Und wir alle tun es unbewusst bereits, dich eingeschlossen.

Erinnere dich an eine Situation, als du einen Besprechungsraum betreten und dir gedacht hast: »Da herrscht aber dicke Luft.« Dann erfährst du, dass es gerade eine Krisensitzung zu den katastrophalen Quartalsberichten gegeben hat. Ohne es zu sehen, ohne es wirklich zu wissen, hast du dennoch ganz genau wahrgenommen, dass die Stimmung – oder die Energie – in dem Raum eine schlechte war.

Ohne großartige Biologie- oder Chemiekenntnisse zu haben, wirst du mir zustimmen können, dass die Energie, die du von einem grünen Potpourri an Blattsalaten bekommst, eine andere ist als die eines Rinderfiletsteaks. Du siehst, du nimmst also schon Energie wahr. Du weißt Dinge, ohne über rationales Faktenwissen zu verfügen. Umgangssprachlich äußern wir dann Sätze wie: »Den kann ich nicht riechen.«

Oder: »Die Chemie hat einfach nicht gepasst.« Eine Kursteilnehmerin von mir pflegte gern zu sagen: »Ich hab's im Urin«, lange bevor sie das Lesen der Intuition tatsächlich erlernt hatte. Vielleicht kennst du auch Momente, in denen du dir hinterher denkst: »Ich hab's gleich gefühlt.« Herzliche Grüße von deiner Intuition. Diese Fakten entbehrenden Impulse, die wir nur allzu oft unterdrücken oder beiseiteschieben, beherbergen die Informationen unserer Intuition. Wichtig ist es, diese Impulse bewusst wahrnehmen zu lernen und sie nicht mit Gedanken zu verwechseln. Dazu später mehr.

Wenn wir alle also schon Energie wahrnehmen können, warum kommt es dann trotzdem zu intuitiven Fehlinterpretationen? Hier gilt es, die echte Intuition von der falschen Intuition zu unterscheiden. Denn nur eine echte Intuition, die geschult wurde, kann Wunderdinge vollbringen und als dauerhaft verlässliche Beraterin zur Seite stehen. Falsche Intuition hingegen beruht auf vergangenen Erlebnissen, Übertragung und antrainiertem Verhalten und wird zudem gefüttert vom Ego, das nur zu gern diese antrainierten Impulse steuert. Zwar liefert sie, ebenso wie echte Intuition, Anhaltspunkte, die wir auf der Verstandesebene nicht logisch interpretieren können, doch bleibt die falsche Intuition auf den Ebenen der Erfahrung und der Ängste, Unsicherheiten und Zweifel hängen. Beide Arten der Intuition, sowohl die echte als auch die falsche, kombinieren unsere fünf Sinne der Wahrnehmung Sehen, Hören, Riechen, Schmecken, Tasten mit unbewusstem Wissen. Mit den Augen sehen wir, mit den Ohren hören wir, mit der Nase riechen wir usw. Doch nehmen wir unbewusst noch weit mehr wahr. Die falsche Intuition, die Erfahrungsintuition, verknüpft unterbewusst neue Erlebnisse mit vergangenen Erfahrungen. So entsteht zuerst eine Meinung, die wir auf der Verstandesebene artikulieren können, und anschließend eine automatisierte Handlung, alles aus alten Mustern heraus geformt. Damit liefert uns die falsche Intuition Impulse aus unserem alten Ich. Manchmal ist die falsche Intuition hilfreich, doch sie geht nie tief genug. Sie erreicht nicht unser wahres Selbst und wird daher nur vom konditionierten Teil gespeist. Sie lässt uns nie die Gesamtheit erkennen.

Ein Beispiel: Als ich einen ehemaligen Kollegen von mir kennenlerne, gibt es sofort einen Anteil in mir, der Angst vor ihm hat. Meine Ratio erklärt mir: »Das kommt, weil die anderen dich schon vor ihm gewarnt haben. Jetzt gehst du mit einer negativen Erwartungshaltung an ihn heran.« Also Verstand beiseite und bemüht munter in die Zusammenarbeit starten. Der Kollege ist cholerisch und unberechenbar. Hatte er ein gutes Wochenende, dann ist die Montagsbesprechung fast ein Zuckerschlecken, doch nach einem schlechten ändern wir oft ganze Strategien. Mein Verstand rät mir, mich zu arrangieren, schließlich könne ich den Kollegen ja nicht ändern. Mein Arrangieren sieht so aus, dass ich von Freitag bis Montag schlecht schlafe. Bis ich eines Tages meiner Mutter ein Foto des Kollegen in einem Fachmagazin zeige und sie daraufhin wie aus der Pistole geschossen kommentiert: »Er sieht aus wie dein Lateinlehrer am Gymnasium.« Erst da fällt es mir wie Schuppen von den Augen. Natürlich! Auf einer unterbewussten Ebene hatte ich das Bild meines Lateinprofessors vor Augen, als ich meinen Kollegen kennenlerne. Mein Lateinlehrer sorgte indirekt wohl für Haltungsschäden bei mir, weil ich mich in der letzten Reihe sitzend so sehr bemühte, nicht aufzufallen, und mich 50 Minuten lang duckte, um seinen Wutausbrüchen zu entgehen. Die beiden Männer waren sich also nicht nur äußerlich ähnlich, sondern auch innerlich. Indem mein Ego – genährt aus vergangenen Erlebnissen – mir Angst vor dem Kollegen machte, stellte es sich schützend vor mich, um mich vor weiteren Haltungsschäden zu bewahren. Ganz leicht hätte ich dieses Gefühl der Angst als Intuition abtun können. Nachdem ich aber diese unterbewusste Verknüpfung erkannt hatte, konnte ich sie – damals noch auf der Verstandesebene – entkoppeln und so meinem Kollegen mit einer ganz neuen inneren Haltung begegnen. Seine Wutausbrüche konnten meinem Erwachsenen-Ich nichts mehr anhaben. So fanden wir letztendlich sogar ein gutes Auskommen miteinander und lernten uns auf fachlicher und menschlicher Ebene zu schätzen.

Erfahrung zu besitzen, ist gut und hilfreich, denn rein rational könnten wir die rund 20.000 Entscheidungen[4], die wir laut Psychologen täglich mit unseren fünf Sinnen treffen, gar nicht bewältigen. Wir nutzen hierbei eine Mischung aus Verstand, Erfahrung, Ego und echter Intuition. Hätten wir dieses Konglomerat aus Eisberganteilen nicht, auf die wir uns bei Entscheidungen stützen, dann müssten wir eine schier unüberwindbare Anzahl an Fragen stellen und die Antworten einer komplexen Skala entsprechend bewerten und analysieren. Das Ergebnis würde uns dann trotzdem nur zu einem Bruchteil sagen können, was wir von einer Situation, einem Projektvorschlag oder einer Bewerbung halten können. Dank all unserer Prägungen, Konditionierungen und unserem Erfahrungswissen treffen wir viele Entscheidungen blitzschnell. Nicht immer zu unserem Besten, aber wir hängen nicht mit allen Entscheidungen tagelang fest.

Was für ein Glück, dass wir unsere echte Intuition haben! Sie sagt uns ohne Umschweife genau das, was wir jetzt an Information brauchen, um weitermachen zu können. Eine Idee fühlt sich nicht gut an, oder ich habe ein schlechtes Gefühl bei einem Jobinterview? Gut. Dann kann ich weiterziehen. Ich brauche mir keine Gedanken über das Warum zu machen. Das hat meine Intuition, meine Beraterin, bereits erledigt. Ein Leben mit deiner Intuition als Beraterin wird einfacher und unkomplizierter. Es wird schneller und leichter. Und ich kann freudestrahlend sagen: »Es hat gefunkt. Es war ein magischer Moment. Ich hab's gleich gefühlt.« Herzliche Grüße, deine Intuition. Während unser Verstand linear arbeitet, sich deduktiv von einer Information zur nächsten Schlussfolgerung hangelt, arbeitet unsere Intuition breit und vielschichtig und bringt so hilfreiche Erkenntnisse zutage.

Wie ernst Intuition im Business genommen werden kann, möchte ich dir am Beispiel eines Klienten erzählen: Stefan arbeitet in einem internationalen Beratungsunternehmen. Es ist eines von den großen Unternehmen, die bekannt für ihre Scorecardanalysen und Exceltabellen sind. Er erzählt mir, dass der Auswahlprozess neuer Consultants in der letzten Bewerbungsrunde wie folgt aussieht: Fünf bestehende Unternehmensberater und -beraterinnen treffen sich mit der Anwärterin oder dem Anwärter und prüfen sie bzw. ihn auf Herz und Nieren. Im Anschluss daran findet eine Besprechung statt – ohne den oder die Anwärterin natürlich. Hat in dieser Diskussion auch nur ein einziger Consultant, eine einzige Beraterin »ein komisches Bauchgefühl«, wird der Bewerber bzw. die Bewerberin nicht angenommen. Wichtig dabei: Das seltsame Bauchgefühl muss nicht argumentiert werden. Es reicht als Argument per se. Das heißt: Nach einer zermürbend langen Reihe an Assessments, Interviews und Tests entscheidet das seltsame Gefühl einer einzigen Person über Go oder No-Go.

Tatsächlich hat mich diese Geschichte verblüfft. Denn große Beratungsunternehmen machen sich einen Namen mit analytischen und ausgetüftelten Modellen und nicht mit Gefühlen. Und gerade solch eine Firma setzt beim Recruiting neuer Teammitglieder auf ein nicht argumentiertes Bauchgefühl.

Wenn du also daran denkst, neue Teammitglieder einzustellen, dann kannst du beispielsweise ganz bewusst deine Reaktion im Erstkontakt beobachten und daraus wichtige Schlüsse ableiten. Oder du machst es so wie ich, als ich nach dem Entdecken meiner Intuition noch im Management tätig war. Ich war gerade dabei, mein Team zu erweitern und eine neue Position zu schaffen. Anstatt mich aber am Wochenende hinzusetzen und einen Lebenslauf nach dem anderen zu durchforsten, wie ich es früher getan hätte, machte ich es mir diesmal leicht. Um den Bewerbungsprozess für mich zu vereinfachen und die bestmögliche Entscheidung zu treffen, ging ich wie folgt vor: Von der Personalabteilung ließ ich mir die Bewerbungsunterlagen der infrage kommenden Kandidatinnen und Kandidaten zukommen, 14 an der Zahl. Zuerst definierte ich mithilfe meiner Intuition die Kriterien, nach denen die High Potentials erwählt werden sollten. Es waren fünf Fragen, die ich pro Bewerbung zu klären hatte: Bringt diese Person die fachlich notwendige Qualifikation für die neu zu besetzende Position mit? Passt sie in mein Team? Findet sie mit den anderen Abteilungen ein gutes Auskommen? Steht sie der Geschäftsführung zu Gesicht? Ist mit ihr nachhaltiges Unternehmenswachstum möglich? Die

Position war eine wichtige Schnittstelle zu anderen Abteilungen und musste ebenso über taktisches Feingefühl verfügen wie über Durchsetzungsstärke. Daher waren das die wesentlichen Entscheidungskriterien bzw. Fragen, die für eine gute Besetzung der Position sorgen sollten. Im nächsten Schritt versah ich die Bewerbungen mit kleinen gelben Klebezetteln und nummerierte sie ungesehen von 1 bis 14. Auf einem Blatt Papier skizzierte ich sechs Spalten. In die erste Spalte schrieb ich vertikal die Nummern 1 bis 14, die den Aspirantinnen und Aspiranten entsprachen. Die weiteren Spalten wurden mit den Überschriften 1 bis 5 bedacht, dabei stand jeweils eine Ziffer für eine der fünf zu klärenden Fragen. Für jeden Lebenslauf gab es also eine leere Zeile mit fünf Kästchen, um die Antwort der fünf definierten Fragen zu notieren. Dann begann das Lesen der Intuition. Kandidatin um Kandidaten. Zeile für Zeile. Das sah ungefähr so aus: »Für Bewerberin bzw. Bewerber Nummer eins – wie lautet die Antwort auf die erste Frage?« Wechselweise erhielt ich von meiner Intuition »plus«, »Welle« oder »minus« als Antwort. Zu diesem Zeitpunkt hatte ich noch keine einzige Bewerbung mit meinem Verstand durchgesehen. Ich notierte die Antworten meiner Intuition auf dem Blatt Papier. 70 Fragen und damit 70 Antworten insgesamt. Der Prozess dauerte in Summe etwas länger als eine halbe Stunde. Zum Schluss hatte ich ein Blatt Papier, das von Zeichen übersät war. Nur bei drei Kandidatinnen zeigte meine Intuition bei vier von fünf Fragen ein Pluszeichen an. Die Lebensläufe dieser Frauen sichtete ich mit großem Interesse. Anschließend lud ich alle drei zum Interview ins Unternehmen und stellte schließlich eine der drei mit großem Wohlbehagen ein. Sie entpuppte sich als Glücksgriff. Tatsächlich brachte sie sowohl die fachliche als auch menschliche Kompetenz mit, ganz genau so, wie ich es im Vorfeld gelesen hatte. Mithilfe meiner Intuition durfte es also leicht, schnell und zufriedenstellend gehen.

> *Intuition ist die Fähigkeit, schnell gute Einsichten zu gewinnen und klare Entscheidungen zu treffen, ohne eine bewusste Entscheidungsgrundlage vorliegen zu haben.*

Da der größere Teil unserer Weisheit, wie beim Eisberg, unter der Oberfläche liegt bzw. das Supernetz unendlich ist, ist es wirtschaftlich sinnvoll, die Ressource Intuition zu trainieren, um in allen Lebenslagen schnell und unkompliziert auf sie zugreifen zu können. Wie am Beispiel der Einstellung einer neuen Mitarbeiterin beschrieben, werden hier personelle und finanzielle Ressourcen geschont und bestmöglich genutzt.

DIE KENNZEICHEN DEINER INTUITION

Woher weißt du aber nun, ob das, was dir da als Geistesblitz durch den Kopf saust, die Stimme deines Verstandes, Egos oder deiner Intuition ist? Es ist leichter auszumachen, als du denkst. Mit der Zeit wirst du den Unterschied tatsächlich fühlen können. Je öfter du deine Intuition nutzt, umso deutlicher wirst du die Stimmen aus Verstand, Ego und Intuition auseinanderhalten können.

> *Deine Intuition ist wie ein Muskel.*
> *Je öfter du sie nutzt, umso stärker wird sie.*

Um dir den Einstieg zu erleichtern, lass uns gemeinsam die wichtigsten Kennzeichen der Intuition und Unterscheidungsmerkmale zum Verstand besprechen.

Deine Intuition ist in dir

Tatsache ist: Deine Intuition kann Zusammenhänge erfassen und logische Deduktionen ableiten, ohne dass dein Verstand alle Fakten parat haben müsste. Die Intuition greift auf das bereits erwähnte Supernetz in deinem Inneren zu. Erinnere dich an das Eisberg-Modell: Dein Verstand agiert an der Oberfläche. Dort nutzt er die fünf Sinne Sehen, Hören, Riechen, Schmecken und Tasten zum Erfassen der äußeren Welt. Deine Intuition agiert mit denselben fünf Sinnen, nur richtet sie sich nicht nach außen, sondern nach innen, hin zu deinem wahren Selbst, auf die Ebene der Energie, die wie der größere Teil des Eisbergs unter der sichtbaren Wasseroberfläche liegt. Wir sehen mit unseren inneren Augen. Wir hören mit den inneren Ohren. Aus dem äußeren Tasten wird inneres Fühlen. Die fünf Sinne können trainiert werden. Innen und außen. Ein Weinsommelier beispielsweise trainiert seinen Geruchs- und seinen Geschmackssinn. So kann er eine feine Unterscheidungsfähigkeit zwischen diversen Weinen entwickeln. So, wie du deine äußeren Sinne schulen kannst, kannst du es auch mit den inneren Sinnen tun. Jede und jeder kann seine Sinne nach innen hin schulen und dadurch lernen, zwischen Verstand und Intuition zu unterscheiden. Deine Intuition gibt es an einem einzigen Ort: in dir. In deinem Körper. Damit du deine echte Intuition nutzen kannst, braucht es eine Ausrichtung nach innen. Innere Stille ist der Schlüssel.

Deine Intuition ist ein Kind der Gegenwart

»Ach ja, Milch muss ich heute auch noch besorgen. Und auf der Heimfahrt noch schnell in der Agentur anrufen, damit sie die Designadaptionen vornehmen kann. Wir gehen nächste Woche in Druck. Wobei ich gar keine Lust habe auf das Telefonat. So, wie sich mein Berater letzte Woche verhalten hat …« Unsere Gedanken sausen wild durch unseren Kopf. Sie springen zwischen den Zeiten, gehen To-do-Listen durch und überprüfen sie zehnfach. Das ist nicht der Zustand, in dem sich unsere Intuition mitteilen kann. Unsere Intuition gibt es in einem einzigen Moment zu finden: jetzt. Deine Intuition ist ein Kind der Gegenwart. Das bedeutet, dass du sie nur wahrnehmen kannst, wenn du mit deiner Aufmerksamkeit im gegenwärtigen Moment verankert bist. Deine Gedanken schweifen ab und beschäftigen sich mit einer Episode der letzten Woche – zack, du schließt die Tür zu deiner Intuition. Du spielst in Gedanken deine Präsentation für die Klausur nächste Woche durch – kein Durchkommen mehr für deine Intuition. Je schneller du gedanklich zwischen den diversen Aktivitäten, den vergangenen und den zukünftigen, hin- und herspringst, desto weniger Raum entsteht für sie, um sich dir mitzuteilen. Du kannst deinem feinfühligen Teammitglied Intuition also am einfachsten in der Gegenwart begegnen. Stille kultivieren zu lernen ist notwendig, um in der Gegenwart ankommen zu können. Erst darf das Gedankenkarussell zur Ruhe kommen, dann öffnest du die Tür hin zu deiner echten Intuition.

Deine Intuition ist (meist zu Beginn) leise

Gerade am Anfang, wenn du mit der Intuition zu arbeiten beginnst, wird sie sich dir eher leise mitteilen. Das liegt nicht etwa daran, dass deine Intuition per se leise ist, sondern einfach daran, dass sie und du noch keine stark entwickelte Verbindung habt. Du bist es nicht gewohnt, sie immer wieder zu Rate zu ziehen. Es ist wichtig zu verstehen, dass deine Intuition sich dir leise mitteilt. So kannst du einen Rahmen schaffen, in dem es deiner weisen inneren Beraterin erleichtert wird, sich Gehör zu verschaffen.

» Je ruhiger du innerlich bist, umso klarer kannst du deine Intuition wahrnehmen. «

Hier ein Piepen, dort ein Ping und über alledem die nervtötende Stimme der Quizmasterin im Fernsehen. Noch schnell ein Blick in die Zeitung, während die neuesten WhatsApp-Status der Freundinnen gecheckt werden. »Mama, darf ich noch etwas Schlagzeug üben?« Die Welt der Reizüberflutung und des Informations-Overload sorgt nicht nur dafür, dass wir unsere innere Stimme oft weniger deutlich wahrnehmen, sie führt auch dazu, dass wir eine Sehnsucht nach einfachen und unkomplizierten Lösungen haben. Unsere Intuition ist sanft. Auf eine Stimme zu hören, die leise und liebevoll zu einem spricht, sind wir oftmals nicht gewohnt. Wir leben in einer Welt, die laut ist. In einer Welt, wo das Anwenden der Ellenbogentechnik als Kavaliersdelikt angesehen wird. Das ist die Welt des Egos. Dabei übersehen wir meist, dass das Sanfte und Ruhige mindestens so stark ist wie das Laute. Einfach dadurch, dass es liebevolle Konsequenz hat.

Werde innerlich ruhig. Deine innere Ruhe ist viel ausschlaggebender als die äußere. Und gerade zu Beginn: Sorge auch für äußere Ruhe, denn es ist um ein Vielfaches leichter, von der äußeren Ruhe zur inneren Balance zu gelangen als umgekehrt. Nimm dir Zeit, um den Lärm des Alltags außen vor zu lassen und dein Gedankenkarussell zu stoppen. Verzichte auf Multitasking und übe dich im Monotasking. Unser Gehirn kann sowieso immer nur einen Gedanken zur selben Zeit denken. Um also deine Intuition besser wahrnehmen zu können, bringe Ruhe in den Verstand. Lass das Machen und Tun mal beiseite und geh bewusst ins Sein.

> *Monotasking ist förderlich zum Wahrnehmen der Intuition und auch, um im Leben zufriedener zu sein.* «

Monotonie im Außen verbunden mit einer präsenten und ruhigen Wachheit im Inneren kann ein gutes Klima für das Hören deiner Intuition sein. Wenn du nicht mehr von A nach B hetzt und 1000 Dinge auf einmal erledigt bekommen willst, wirst du ganz automatisch bewusster und fokussierter werden. Egal, ob du allein im Auto unterwegs bist, eine Strecke fährst, die du in- und auswendig kennst, oder ob du strickend auf der Terrasse vor deinem Haus sitzt. Dinge, die deinen Geist beruhigen, dich entspannen und keinen massiven körperlichen Fokus fordern, sind ideal für eine spätere Verbindung zu deinem inneren Kern und deinem wahren Wesen.

Bevor ich das tiefgreifende Lesen der Intuition professionell für mich anwandte, hatte ich meine besten Eingebungen morgens unter der Dusche und beim Zähneputzen. Mein Verstand war noch schläfrig, mein Körper entspannt und so konnte ich die feine Sprache der Intuition gut wahrnehmen. Danach bin ich meistens voller Euphorie ins Büro gefahren, um die neuen Ideen sofort mit großer Freude umzusetzen bzw. eine Lösung für ein kniffliges Problem anbieten zu können. Ein ehemaliger Chef von mir konnte eine ganze Liste erfolgreicher Innovationen auf der Haben-Seite verbuchen, die er mit einem simplen Wort erklärte: »Häusl-Ideen«. Das stille Örtchen war buchstäblich sein Wohlfühlort, eine Oase der Entspannung, in der die besten Ideen zu ihm kommen konnten.

Deine Intuition ist schnell

Deine Intuition ist wirklich schnell. Aus diesem Grund ist es so ungeheuer wichtig, präsent und innerlich leise zu werden, wenn du deine Intuition wahrnehmen möchtest. Es ist durchaus wahrscheinlich, dass deine Intuition schon die längste Zeit darum bemüht ist, von dir gehört zu werden, es aber nicht schafft, zu dir durchzudringen, weil du mit deinen lärmenden Gedanken geistig wiederkäuend in einem Gespräch von letzter Woche feststeckst. »So sind wir halt.« Aber so müssen wir nicht mehr länger sein. Die Schnelligkeit unserer Intuition führt oft dazu, dass wir Impulse unseres Verstandes mit Impulsen unserer Intuition verwechseln. Erstere kommen erst nach der Intuition. Doch wenn du nicht in dir, in der Gegenwart und innerlich leise bist, dann überhörst du diesen allerersten blitzschnellen Impuls deiner Intuition oft viel zu leicht.

In den Readings mit meinen Klientinnen und Klienten muss ich oftmals über die Schnelligkeit der Intuition schmunzeln. Gerade bei Stammkundinnen und -kunden, bei denen sich über die Zeit ein großes, gegenseitiges Vertrauensverhältnis aufgebaut hat, merke ich oftmals, wie schnell sie ist. Da holt die Kundin gerade eben noch Luft, um ihre Frage an die Intuition, deren Dolmetscherin ich im Reading bin, zu formulieren, schon kommt bei mir ein »Nein, das ist keine gute Idee.« Dabei habe ich, als denkende Corinna, keinen blassen Schimmer, was mein Gegenüber eigentlich wissen möchte. Doch die Intuition antwortet selbst über mich als Übersetzerin dermaßen schnell, dass sowohl die Klientin als auch ich als Coachin herzhaft lachen müssen. Natürlich lasse ich sie ihre Frage dann stellen und lese sie sauber, um so alle relevanten Informationen von der unbewussten auf die bewusste Ebene zu holen. So kann die Symbiose zwischen Verstand und Intuition am besten wirken und sich langfristig entfalten. Also wisse: Manche inneren Stimmen sind sogar so schnell, dass du eine Antwort vor deinem geistigen Auge hast, noch bevor du die Frage überhaupt zu Ende formuliert hast. Trotzdem: Nimm dir die Zeit, um die Frage klar zu formulieren und auszusprechen. Die Qualität der Frage bestimmt die Qualität der Antwort, die du von deiner Intuition erhältst. Sei präzise bei deiner Fragestellung. Konzentriere dich auf die Frage – lausche in dich hinein.

Der erste Impuls kommt von deiner Intuition. Danach beginnt das Kopfkino. Zuerst antwortet deine Intuition. Eben weil sie, im Unterschied zum Verstand, nicht logisch und stringent vorzugehen braucht, weil sie sich keine Antwort zu überlegen oder zurechtzulegen braucht. Weil sie nicht analysieren und argumentieren muss, sondern weil sie die Antwort schon parat hat. Weil sie alle Antworten besitzt. Einfach deshalb, weil die Antworten auf deine Fragen schon in dir liegen. Sie müssen nicht erst gesucht und konstruiert, sondern lediglich abgerufen werden.

> *Deine Intuition braucht sich keine Ratschläge auszudenken. Sie hat dein Bestes immer abrufbereit in dir liegen.*

Eben weil deine Intuition so schnell ist, ist es unabdingbar, dass du still wirst. Nur dann wird es dir möglich sein, die wahren Botschaften aus deinem Inneren zu erkennen. Manchmal scheint es uns absurd, wie schnell eine hilfreiche Antwort aus uns selbst herauskommt. Diese Kompetenz trauen wir uns meist nicht zu. Doch daran wirst du dich gewöhnen müssen, wenn du Intuition in dein Leben und dein Business holst. Insbesondere im Businesskontext wollen wir uns oft glauben machen, dass komplexe Herausforderungen auch komplexe Lösungen benötigen, um zu einem guten

Ende zu finden. Das Gegenteil ist meist der Fall. Ja, deine Intuition kann komplexe Sachverhalte erfassen und sie zudem auf das Wesentliche reduzieren. Genau aus diesem Grund braucht sie nicht lange abzuwägen. Achte bitte auf die leisen und ersten Impulse. Wenn du innerlich still bist, dann kannst du sie hören und brauchst nicht den dramatischen Bewahrungsversuchen deines Egos folgen. Du kannst dir zuerst den Ratschlag deiner Intuition anhören, dann jenen des Egos und zum Schluss deinen Verstand befragen, wie du den Weg der Intuition nun am besten umsetzt. Du wirst sehen: Dein Verstand wird sich daran gewöhnen, dass er eine kompetente Kollegin an die Seite gestellt bekommt. So kann er sich noch besser um seine Kernkompetenz, das Umsetzen, kümmern. Denn das kann er richtig gut!

Deine Intuition ist klar

Ich liebe ganz besonders die Klarheit, die mit der Intuition einhergeht! Wenn du dich mit einem Thema vertrauensvoll an deine Intuition wendest, dann bekommst du zweifelsfreie und hilfreiche Informationen. Deine Intuition erkennt in jedem Moment deine eigene Wahrheit als oberste Handlungsmaxime an. Diese Wahrheit kommuniziert sie. Sie kommuniziert sie klar und eindeutig. Wenn du nach innen gehst, deine Intuition befragst, dann hörst du nicht: »Na ja, lass uns mal abwägen. Eventuell könnte das gut sein. Wobei die Alternative hingegen auch eine gute Option wäre.« Von deiner Intuition hörst du kein »Vielleicht« und auch keine Konjunktive. Von ihr bekommst du ein klares »Ja« oder ein eindeutiges »Nein«, abhängig davon, was jetzt gut für dich ist. Du bekommst grünes Licht oder eben nicht.

> *Von deiner Intuition erfährst du deine Wahrheit, ob du es willst oder nicht.*

Du musst die Antwort nicht immer mögen. Aber auch eine unliebsame Wahrheit wird von deiner Intuition sanft und achtsam ausgesprochen und dir so liebevoll erklärt, dass in dir eine Bereitschaft entstehen kann, deine eigene Wahrheit und innerste Überzeugung anzunehmen. So bewusst gemacht, wirst du im nächsten Schritt mit deinem Verstand handlungsfähig und kannst an der Veränderung arbeiten, die es braucht, damit du ans Ziel – bzw. an dein Wunschgefühl – herankommst.

Tatsächlich kann es schon vorkommen, dass es sowohl ein »Ja« als auch ein »Nein« gibt. Dies ist der Fall, wenn beide Varianten möglich sind. Hier empfiehlt es sich, tiefer zu gehen und die Frage nach dem Warum zu stellen. Warum »Ja«? Warum »Nein«? Und was sind die Vorteile jeder Option?

Als Ute zu mir kommt, steht sie vor einer großen Entscheidung: Sie hat das Haus ihrer Träume gefunden und will sich vor der Unterzeichnung eines rechtswirksamen Vertrags absichern, ob sie mit diesem Hauskauf ihrem wahren Selbst entspricht. Utes Intuition antwortet schnell, klar und präzise: Ja und Nein. Also haken wir nach. Ja, weil dieses Haus wirklich alles erfüllt, was sich Ute jemals gewünscht hat und was für sie passend ist. Ja, weil das Haus top in Schuss ist und auch mit den Nachbarn alles in geordneten Bahnen verläuft. Ja, weil Ute sich hier den Traum von Wohnen und Arbeiten an einem Ort im Grünen erfüllen kann. Doch das Nein ist ebenso eindeutig: Nein, weil sich Ute damit finanziell übernimmt. Mit diesen Informationen kann Ute eine Lösung finden. Einen Tipp ihrer Intuition gibt es zusätzlich: »Ute soll zwei Räume in ihrem Büro im Erdgeschoss untervermieten. Und zwar an Partner, mit denen sie ohnedies bereits lange und gut zusammenarbeitet.« Als Ute das hört, muss sie schmunzeln. Sie erzählt mir von einem Telefonat mit einem Partner letzte Woche: »Seine Räume sind zu klein geworden. Insgeheim habe ich schon daran gedacht, dass er gut zu mir ins Haus passen würde, aber laut ausgesprochen ergibt es jetzt gleich viel mehr Sinn.«

So klar und eindeutig unterschreibt Ute nun nicht nur den Kaufvertrag für ihr Haus, sondern auch noch gleich den Mietvertrag mit ihren neuen Untermietern. Ohne diese Eindeutigkeit der Intuition wäre Ute bald im finanziellen Druck ihrer Entscheidung gefangen gewesen und hätte ihr neues Zuhause nicht mehr genießen können.

Ähnlich bei Sarah. Sarah kommt zu mir, weil sie sich gerade auf ihr üblicherweise gutes Gespür nicht verlassen kann. Sarah bittet mich zu lesen, ob sie einen bestimmten Kunden annehmen soll oder nicht. Sie ist hin- und hergerissen. Für gewöhnlich hat sie einen sehr guten Riecher für ihre Kundinnen und Kunden. Doch diesmal liegen die Nerven blank. Denn der Kunde ist eine sehr große und bekannte Luxusuhrenmarke. Sie hätte über Jahre ausgesorgt, wenn sie als Trainerin In-house-Seminare beim Uhrenhersteller veranstalten könnte. Beim Lesen zeigt uns Sarahs Intuition sowohl ein »Ja« als auch ein »Nein«. Sarahs Zerrissenheit ist deutlich spürbar. Wir gehen tiefer und fragen die Hintergründe ab: Ja, das Uhrenlabel bringt Sarah eine Menge Geld ein. Nein, die Arbeit fordert sie auf belastende Art und Weise heraus.

Genau dasselbe kann Sarah auch wahrnehmen. Wir gehen noch tiefer und fragen weiter. Ja, das viele Geld würde ihr Sicherheit bringen und – wie Sarah unterbewusst glaubt – auch die Anerkennung in ihrer Branche. Nein, Sarah würde mit dem Kunden an ihre Belastungsgrenze kommen. So kann Sarah schlussendlich zu der für sie besten Lösung finden. Erleichtert entscheidet sie sich gegen das Angebot des Uhrenherstellers und kommuniziert dies auch. Doch dort will man Sarah unbedingt haben. Also lesen wir erneut. Diesmal die Strategie, die es Sarah ermöglicht, den Kunden anzunehmen. Wichtig für Sarah ist es jetzt, Grenzen zu ziehen und eindeutige Spielregeln für die Zusammenarbeit festzulegen. Gestärkt durch das Gefühl, begehrt zu sein und vom Uhrenfabrikanten unbedingt gewollt zu werden, kann Sarah mutig ihre Position definieren und durchsetzen. Blitzschnell hat sich das Blatt gewendet und Sarah mutiert von der Trainerin, die ihre Dienstleistungen anbietet, zur Frau der Stunde, die sich sowohl ihr Betätigungsfeld als auch die dazugehörigen Rahmenbedingungen selbst aussucht.

Manchmal, gerade zu Beginn und bei komplexen Fragestellungen, braucht es ein paar mehr Informationen, damit der Verstand mitziehen und du dich sicher fühlen kannst, die erhaltenen Informationen deiner Intuition auch gut vertreten zu können. Später kann es auch anders gelingen, wie bei mir mittlerweile vielfach. Wenn ich das »Ja« oder das »Nein« meiner Intuition höre, dann reicht dies oft aus. So teile ich diese Antwort dann auch mit meinen Kundinnen und Kunden. Gerade neulich kam eine Anfrage zur Zusammenarbeit per E-Mail in mein Postfach geflattert. Ohne mich verstandesmäßig in den Kooperationsvorschlag einzulesen, befrage ich zuerst meine Intuition. Ich erhalte ein schnelles, einfaches und unkompliziertes »Nein«. Genauso gebe ich es weiter. Höflich, respektvoll, wertschätzend. Doch ohne Erklärung. Und ich kann mich gut damit fühlen, weil ich mittlerweile weiß, dass ich mich auf die Intuition verlassen kann.

Dass sie, wie bereits erwähnt, dabei in ihrer Sprache weder Konjunktive noch andere Füllworte wie »eventuell«, »womöglich« oder »vielleicht« verwendet, zeichnet die Intuition darüber hinaus aus. Wenn du mit deiner Intuition sprichst und sie ausweichend in der Möglichkeitsform antwortet, dann kannst du sicher sein, dass es sich dein Ego mal wieder auf dem Sessel des eigentlichen Big Boss gemütlich gemacht hat. Informationen der Intuition sind neutral. Manchmal fast schon erschreckend emotionslos. Ängste und Widerstände des Egos kommen meist mit lauten oder großen Emotionen daher. Das Ego plustert sich auf, der Verstand tut beschäftigt. Deine Intuition bleibt unaufgeregt, konsequent, beharrlich, liebevoll und klar.

Wenn du mehr Informationen brauchst, dann wird dir deine Intuition diese liefern und dich bei jeder Entscheidung unterstützen. Deine innere Stimme wird dabei nicht müde, immer dasselbe zu wiederholen. Du musst nicht mögen, was sie dir zu sagen hat. Aber sie wird es dir liebevoll und respektvoll mitteilen. So lange, bis du es wahrnimmst. So lange, bis du bereit bist, ihren Vorschlag in Betracht zu ziehen. Auch wenn du wiederholt gegen ihre Empfehlung handelst, bleibt sie klar und konsequent. Tatsächlich spricht deine Intuition ja auch zu dir, wenn du nicht im bewussten Kontakt mit ihr stehst. Beharrlich weist sie dir den Weg, immer das Beste für dich im Blick.

Deine Intuition will dein Bestes

Die schönste Eigenschaft der Intuition und der Grund, warum ich mich ihr immer bedingungsloser anvertraue, ist folgender: Die Intuition will immer nur dein Bestes. Ein Bestes, das anderen nicht schadet. Ihr geht es nicht um Macht, Prestige oder äußeren Erfolg. Dein Glücklichsein steht bei ihr an oberster Stelle, dein authentisches, innerliches Glücklichsein. Oft wissen wir gar nicht, was uns wirklich fehlt, was wir wirklich brauchen, und laufen Geld und Anerkennung hinterher. Zum Glück haben wir hier die Intuition, die uns konsequent auf den Weg der inneren Zufriedenheit und Erfüllung zurückbringt. Was Geld und Prestige in keiner Weise ausschließt.

Wenn ich ein Thema mit mir herumtrage und meine Mutter, meine Schwester, meine beste Freundin oder eine Coachin befrage, erhalte ich Antworten, die gefärbt sind von den Erlebnissen der Ratgeberinnen. Da kann es dann sein, dass eine Empfehlung sich tatsächlich mit der meiner Intuition deckt. Genauso ist es aber auch möglich, dass sie nur die Erfahrungswelt der Ratgeberin widerspiegelt. Wenn ich meine Intuition zurate ziehe, passiert dies nicht. Denn dann kommt die Lösung aus mir selbst heraus und entspricht so zu 100 Prozent meinem Besten. Lass mich dir dazu eine Geschichte erzählen:

Als ich 2015 in die Selbstständigkeit springe, ist dies ein großer Schritt für mich. Auf der einen Seite erkenne ich diesen Weg als einzig logische Konsequenz hin zu meiner Erfüllung. Auf der anderen Seite gibt es da mein Ego, das weit mehr als nur einen Grund anzuführen weiß, warum es eine wirklich sehr schlechte Idee ist. Es ist zu risikoreich, zu ungetestet, zu wenig analysiert, gar nicht geplant. Mein Ego weiß noch viele andere Gründe. Damals will ich alle meine Lieben ins Boot holen. Ich will, dass sie meinen Weg akzeptieren und unterstützen. Deshalb spreche ich mit meinem persönlichen Umfeld. In Gesprächen kristallisieren sich schnell unterschiedlich gute und gut gemeinte Empfehlungen für mich heraus: Mein Mann unterstützt mich. Jahrelang erlebt er meine rastlose Suche hautnah und wünscht sich für mich ebenso Erfüllung wie ich selbst. Nachdem ich ihm meinen Businessplan präsentiere, der eine einzige Kalkulation enthält, ist er tiefenentspannt. (Die eine Kennzahl sagt, dass mein Erspartes dafür reicht, meine Selbstständigkeit und mich ein Jahr lang zu finanzieren.) Meine Mutter ist schon etwas ängstlicher. Sie sorgt sich, dass ich die Entscheidung übereile. Sie will mich gut versorgt wissen. Schließlich gehe ich den Weg der Intuition zum damaligen Zeitpunkt erst drei Monate lang. Wie wäre es stattdessen, wenn ich meine Selbstständigkeit parallel zum Job aufbaue, um mich vorsichtig heranzutasten? Meine Freundin schließlich rät mir, unbedingt und schnellstmöglich zu kündigen. Sie selbst ist schon jahrelang gefangen in ihrem Job und kommt mit einem Nebenverdienst nicht in die Gänge. Hier ein bisschen probieren. Da ein wenig schmökern. Daher lautet ihre mutige Empfehlung für mich: Setze alles auf eine Karte. Das, was sie sich nicht zutraut, soll ich für sie verwirklichen und ausleben. Schlicht: Alle hatten unterschiedliche Meinungen – und eine gute Begründung für diese. Doch Meinungen entstehen aus Egos. Letztendlich jedoch treffe ich die Entscheidung. Eine Entscheidung, die für mich und mein Leben passt. Ja, ich bin bereit, mit den Konsequenzen zu leben. Ja, ich bin bereit, das Risiko einzugehen und mir im schlimmsten Fall in einem Jahr wieder einen Job zu suchen. Ja, ich bin bereit, mich von anderen für naiv erklären zu lassen. Ja, ich bin auch bereit dafür, dass es gut geht und dass das der notwendige Schritt in mein erfülltes Leben ist.

Beim Wahrnehmen der Intuition geht es nicht darum, es anderen recht zu machen oder alle zufrieden zu stellen. Vertrau deiner Intuition dahingehend, dass sie sich um dein Wohlbefinden sorgt, ohne andere seelisch zu verletzen. Wenn du liebevoll mit deiner Intuition, mit dir und mit deinem Umfeld bist und achtsam deiner Intuition folgst, besteht die sehr, sehr große Wahrscheinlichkeit, dass es am Ende des Tages für alle gut ausgeht.

Nachdem ich gekündigt und die Information im Unternehmen die Runde gemacht hatte, gab es ganz unterschiedliche Reaktionen. Die meisten waren neugierig zurückhaltend. Intuition – als Business? Kaum vorstellbar. Kuriose Geschichten von diversen Erlebnissen aus dem Kollegium musste ich mir da anhören. So bemerkte ich auch, wie viel Unwissen und Unklarheit in diesem Bereich herrscht und dass wir vielfach alles schwer Erklärbare in einen Topf werfen. Aber es gab auch bestärkende Erlebnisse wie jenes mit einem ehemaligen Kollegen aus dem Verkauf. Wir hatten lange gut zusammengearbeitet, bevor er das Unternehmen wechselte. Als er von meiner großen Veränderung erfuhr, rief er mich an. In diesem Gespräch erfuhr ich etwas, das ich bis dato noch nicht von ihm gewusst hatte: Auch er war eine Zeit lang selbstständig gewesen. Sein Unternehmen ging jedoch den Bach hinunter. Und so war er wieder ins Angestelltenverhältnis zurückgekehrt. Dieses Telefonat gab mir Mut. Es ließ meine Angst, als Versagerin dazustehen, wenn mein

Business scheitern sollte, in einem vollkommen neuen Licht erscheinen. Meinen Kollegen schätzte ich menschlich und fachlich. Jederzeit hätte ich ihm zugetraut, ein erfolgreiches Business hochzuziehen. So gelangte ich zu einer neuen Erkenntnis: Auch erfolgreiche Menschen können scheitern. Es diskreditiert sie dennoch nicht. Ganz im Gegenteil. Mein Kollege wusste zu berichten, dass sein Jahr als Entrepreneur ihm unschätzbares Wissen und Erfahrung in der Unternehmensführung geschenkt hatte. Ein Know-how, dem er auch seine jetzige Position verdankte. So gestärkt konnte ich mich wieder freudvoller auf meine Intuition und meinen nächsten Schritt einlassen.

Je klarer du mit deiner Intuition in Verbindung stehst, desto eindeutiger, mutiger und liebevoller wirst du dich immer mehr auf dich selbst und dein Innerstes verlassen wollen. Weil du im Kontakt mit deiner Intuition eben auch deine Wunden und Verletzungen heilen kannst. Deine Intuition ist nämlich nicht nur die beste Ratgeberin, wenn es um Entscheidungen geht, die deine Zukunft betreffen. Sie hilft dir auch, Altes und Vergangenes in Liebe gehen zu lassen, sollte dies notwendig sein. Genau das macht deine Intuition so wertvoll und zu solch einer besonderen Verbündeten fürs Leben.

Egal, wie du dich letztendlich entscheidest, deine Intuition holt dich immer wieder dort ab, wo du aktuell stehst. Deine Intuition empfiehlt dir, den Kunden nicht anzunehmen. Du gehst einen Deal mit ihm ein. Es endet desaströs. Dann sei dir versichert, dass deine Intuition nicht kommt und sagt: »Hättest du mal auf mich gehört, ich hab's dir ja gleich gesagt. Du bist zu nichts zu gebrauchen.« So reagiert dein Ego. Deine

Intuition, die immer dein Bestes will und liebevoll und klar mit dir kommuniziert, wird mit dir – ohne jeden Vorwurf, ohne jeden Rückblick in die Vergangenheit, ohne erhobenen Zeigefinger – erforschen, was du jetzt tun kannst, um gut aus diesem Schlamassel herauszukommen. Dafür liebe ich sie.

Nicht selten bringt deine Intuition auch eine gehörige Portion Humor mit ins Spiel. Einmal durfte ich für einen Klienten lesen, den ich hier Mike nennen will. Er war Geschäftsführer einer Metallzulieferfirma und wollte wissen, ob ein bestimmter Zulieferer ein geeigneter Partner für sein Unternehmen sei. Ich erinnere mich noch sehr gut, dass die Antwort der Intuition schnell wie ein Pfeil kam und sich ständig wiederholte: »Du kennst die Antwort schon.« Keine Erklärung, keine weiteren Details. Mehr Informationen konnte ich der Intuition beim besten Willen nicht entlocken. Auf meine Nachfrage bei Mike, ob er mit dieser Botschaft etwas anfangen könne, lachte er nur und erzählte mir seine Geschichte: »Ich bin Techniker. Logik ist für mich alles. Nachdem meine Frau das Lesen der Intuition bei dir erlernt hatte, bat ich sie zu lesen, ob der Zulieferer gut für unser Unternehmen sei. Sie las ein Nein. Das widerstrebte mir. Die Geschäftsberichte des möglichen Partners sahen gut aus und menschlich stimmte auch alles. Als Erklärung las meine Frau, dass die Firma finanziell auf wackeligen Beinen stand. Was laut Letztjahresbilanz eindeutig nicht stimmte. Meine Frau war nun ihrerseits etwas verunsichert, weil ich dieses Nein so deutlich widerlegte. Sie bat eine Mitstreiterin aus ihrem Kurs, die das Lesen der Intuition gemeinsam mit ihr erlernt hatte, für mich zu lesen. Wieder kam dasselbe Nein. Dieser Partner würde meinem Unternehmen schaden. Doch ich wollte es immer noch nicht akzeptieren. Schließlich sagte meine Frau enerviert: ›Dann geh doch zu Corinna und lass es dir von ihr lesen.‹ So, und da bin ich nun.« Wir mussten beide lachen. Mit Mikes Erklärung verstand ich nun auch die schelmische Antwort der Intuition. Wie ging Mikes Geschichte aber nun zu Ende? Acht Monate später durfte ich ihn in meiner Ausbildung begrüßen. Bei der Vorstellungsrunde meinte er verschmitzt: »Ich habe mich damals auf die Empfehlung der Intuition eingelassen und bin die Kooperation nicht eingegangen. Den Zulieferer habe ich aber weiter beobachtet. Nach sechs Monaten musste er Konkurs anmelden. Zu der Zeit, als ich das Unternehmen als möglichen Partner abgetastet hatte, hatte es sich in ein waghalsiges Projekt eingelassen und komplett verspekuliert. Zum Glück half mir die Intuition. Rational kann ich es noch nicht ganz einordnen, aber ich akzeptiere jetzt, dass es einen größeren Geist gibt, der für uns alle wirkt. Als Unternehmer wäre ich schön blöd, das nicht zu nutzen. Effektiver geht es nicht. Deshalb will ich das Lesen der Intuition jetzt selbst lernen.«

WIE DEINE INTUITION MIT DIR SPRICHT UND WIE NICHT

Deine innere Stimme ist immer da. Sie spricht zu dir. Durch ihre leise und liebevolle Sprechweise überhören wir sie jedoch gern. Manches Mal wollen wir aber auch schlicht nicht wahrhaben, dass die Lösung so banal sein soll. Oder so sehr gegen das geht, was unser Kopf sich als Lösung zurechtgelegt hat. Wir sind es so gewohnt, zu planen, zu organisieren und mit unseren Gedanken beim nächsten Termin oder dem morgigen Tag zu sein. Da fällt es oft schwer, die innere Beraterin in uns wahrzunehmen.

Lerne, die klare Sprache der Intuition zu übersetzen. Das heißt – und das ist mir sehr wichtig – lerne nicht, sie zu interpretieren, sondern tatsächlich zu verstehen! Ein Merkmal, das deine Intuition auszeichnet, ist ihre Klarheit. Das heißt, die Sprache aus deinem Inneren braucht nicht gedeutet zu werden, sondern lediglich übersetzt. Wenn du die ersten Schritte mit deiner Intuition gehst, dann mag es sich manchmal so anfühlen, als würdest du buchstäblich eine neue Sprache lernen. Vielleicht wirst du beim anfänglichen Übersetzen deiner Intuition auch das Gefühl haben, dass dir die Antwort auf der Zunge liegt, du sie aber noch nicht ausgesprochen bekommst. Bei meinen Readings erlebe ich oft, dass Klientinnen und Klienten schon nach wenigen Minuten sagen: »Du sprichst mir aus der Seele. All das, was du sagst, kann ich so unterschreiben. Ich hätte es nur nicht so exakt formulieren können.« Das Gute an der Sprache deiner Intuition: Du brauchst keine Vokabeln zu pauken. Das ganze Wissen und die passende Ausdrucksweise sind schon da. Es braucht nur eine neue Gewohnheit und etwas Übung, um die innere Weisheit auch artikulieren zu können. Daher trifft es auch das Wort Erlernen einer neuen Sprache nicht exakt. Denn in Wahrheit ist es kein Erlernen, sondern vielmehr ein Wiedererinnern an etwas, das schon immer in dir war.

 Intuition ist das Wiedererinnern an das Wissen in dir.

Da sich deine Intuition dadurch auszeichnet, dass sie nicht nur klar und leise, sondern eben auch unsagbar schnell ist, braucht es gerade zu Beginn Rücksichtnahme auf die besondere Art der Kommunikation mit deinem neuen Teammitglied. Deine Intuition ist wahrscheinlich so erfreut darüber, dass sie eingeladen ist, Raum einzunehmen, dass sie förmlich übersprudelt vor lauter Euphorie und Begeisterung. Eventuell kann dies zu kleinen Hürden im Erstkontakt führen.

Ich erinnere mich noch sehr gut an eine Kursteilnehmerin, die bereits in der Vorstellungsrunde erklärte:»Ich bin ein Kopfmensch. Ich glaube ja nicht an so etwas, aber ich will herausfinden, was dran ist.« Und tatsächlich: Als es dann ans Lesen der Intuition ging, kam die gelernte Coachin in ihr zum Vorschein. Sie hatte so große Angst, sich auf die innere Weisheit einzulassen und sich etwas Größerem anzuvertrauen, dass ihr Ego es bevorzugte, in den Streik zu treten. Gleichzeitig war offensichtlich, dass ihre Intuition darauf brannte, endlich zu Wort zu kommen. Als wir mit ein paar Kniffen den Turnaround geschafft hatten und das Ego verbannt war, sprudelte auch schon die innere Stimme wie ein Wasserfall aus ihr heraus. Am Abend im Kreis aller resümierte sie dann: »Ich wusste ja gar nicht, dass so viel Weisheit in mir steckt. Meine Intuition war so schnell, dass ich gar nicht mehr zum Luftholen kam.«

In Kontakt mit deiner Intuition zu treten, ist zu Beginn also wie das Lernen einer neuen Sprache. Wenn du jetzt mit Schrecken an deine Englisch- oder Französischstunden in der Schule denkst, dann möchte ich dich sofort beruhigen: Deine Intuition wird immer die einfachste Art der Kommunikation wählen, um sich dir mitzuteilen. Erinnere dich:

Deine Intuition will immer dein Bestes. Zu deinem Besten gehört es auch, dass du die innere Weisheit in dir erkennen, verstehen und annehmen kannst. Niemand kennt dich besser als deine Intuition. Von daher weiß sie auch ganz genau, wie sie am besten mit dir sprechen kann.

Lass dich ein auf die Art und Weise, wie deine Intuition mit dir kommuniziert. Probier dich aus. Das geht zum Beispiel ganz wunderbar, wenn du neue Menschen kennenlernen darfst. Mal angenommen, du sollst am Nachmittag eine mögliche Mitarbeiterin für dein Team kennenlernen. Dann setz dich vorab in Stille hin und richte deine Aufmerksamkeit entspannt nach innen. Eine detaillierte Anleitung zum Intuitionskontakt folgt später. Frag in dich hinein: »Wie fühlt sich die Bewerberin an?« Im ersten Schritt geht es gar nicht darum, eine detaillierte innere oder äußere Personenbeschreibung der Kandidatin abzurufen, sondern nur ein Gefühl für sie zu bekommen. Wenn du eine klare Frage stellst und offen bist, wirst du eine klare Antwort bekommen. Im ersten Schritt mag diese Antwort zum Beispiel lauten: »blau« oder »eckig« oder: »Mir bleibt die Luft weg«. Alles ist gut und darf sein. Vielleicht gibt es aber auch (nur) ein diffuses Gefühl in dir, für das du keine Worte findest. Im nächsten Schritt geht es dann ans Übersetzen. Hake bei deiner Intuition nach: »Was bedeutet blau?« So kannst du tiefer gehen. Wir werden im Verlauf des Buches noch genauer darauf eingehen, wie du praktisch Informationen abrufen kannst. Für den Moment genügt es zu verstehen, dass deine Intuition klar ist und dass du lediglich zu lernen brauchst, sie zu verstehen. Was vermutlich viel einfacher funktioniert, als du es dir im Moment noch vorstellen kannst. Erinnere dich, wie es war, als du das Autofahren gelernt hast: ein Lenkrad, drei

Pedale, drei Spiegel und ein Schaltknüppel. Auf alles solltest du dich gleichzeitig konzentrieren. Und heute? Heute läuft das Blinken, Bremsen und Lenken automatisiert. Du brauchst nur jemanden, der dir erklärt, wie es funktioniert. Und du brauchst die Fahrpraxis.

Wenn die erste Information deiner Intuition zur möglichen Kandidatin also »blau« lautet, dann brauchst du nichts weiter zu tun, als bei deiner Intuition nachzuhaken und dieses »Blau« tiefer zu ergründen. Wichtig an der Stelle: Du brauchst noch immer nicht zu denken. Dein Ego hat keinen Arbeitsauftrag.

» *Lesen der Intuition bedeutet Klarheit schaffen und niemals interpretieren!* «

Vor lauter Erleichterung, dass du im Intuitionskontakt eine Information erhalten hast, vergisst du vielleicht, dass du deine Intuition auch tiefer nutzen kannst. Du beginnst zu überlegen, was diese Antwort bedeuten könnte: »Blau ist eine kühle Farbe. Nun ja, vielleicht ist die Frau ja kühl in ihrer Art und bringt womöglich Ecken und Kanten mit. Ob wir so jemanden im Team wollen?« Und schon bist du wieder im Ego und im Interpretieren und hast die Bewerberin ausgeschlossen, ohne sie jemals gesehen zu haben. Beim tieferen Erfragen wird dir deine Intuition dann jedoch mitteilen, dass »blau« für die ruhige Konstante steht, welche die Dame in deinem Team sein wird. Und das Eckige bedeutet, dass sie klare Grenzen für das gesamte Team aufzeigt und es so produktiver arbeiten lässt. Also ein Gewinn. Gewöhne dir im

Intuitionskontakt also direkt an, nicht ins Deuten und Interpretieren abzudriften, sondern so lange bei deiner Intuition nachzufragen, bis du Klarheit hast.

Bei aller Klarheit ist es wichtig zu erwähnen, dass deine Intuition stets den Wortschatz der Übersetzerin bzw. des Übersetzers der Intuition verwendet. Wenn du selbst mit deiner Intuition in Kontakt trittst, ist es natürlich dein eigener Wortschatz, in dem sich dir dein inneres Wissen offenbart. Sofern du aber nicht selbst Dolmetscherin bzw. Dolmetscher deiner Intuition bist, sondern eine ausgebildete bzw. einen ausgebildeten Intuitions-Pro um ein Reading bittest, wird deine Intuition den Sprachwortschatz der Leserin oder des Lesers verwenden. Deutsch-österreichisch ist da zum Beispiel eine Barriere, die es für mich oft zu überwinden gilt. Im Laufe der Zusammenarbeit mit vielen deutschen Lösungssuchenden hat sich mein österreichischer Wortschatz aber auch hier schon deutlich um einige deutsche Begriffe erweitert. Ich erinnere mich auch, als ich einmal für einen Klienten lesen durfte und jede Menge Bilder von Schiffen und Segelanalogien bekam. Am Ende bedankte sich ein sehr glücklicher Kunde mit folgenden Worten bei mir: »Corinna, deine Sprache mit den Booten hat mir sehr geholfen. Du musst wissen, ich bin ein leidenschaftlicher Segler und konnte bei den Übersetzungen meiner Intuition sehr gut mit dir mitgehen.« Hier sollst du wissen, dass ich nicht wirklich Ahnung von Schiffen habe und gerade mal weiß, dass ein Boot einen Mast und ein Segel hat, das man setzen kann. Obwohl es mein reduziertes Fachvokabular war, welches die Intuition nutzt, um sich dem Klienten deutlich zu machen, waren die Beispiele maßgeschneidert, um ein bestmögliches Verständnis für den Klienten zu bringen. So wird es dir auch gehen, wenn du mit deiner Intuition arbeitest. Deine Intuition wird punktgenau mit den Informationen bei dir ankommen, die es dir leicht machen, die Antworten zu verstehen.

Die fünf Sinne deiner Intuition

Deine Intuition nutzt deine klassischen fünf Sinne, um sich dir mitzuteilen. Doch anstatt diese Sinne nach außen zu richten, wendest du dich im Intuitionskontakt nach innen, in dich hinein. Wir verfügen über die bereits erwähnten fünf Sinne Sehen, Hören, Riechen, Schmecken und Tasten. Diese können nun äußerlich über den Verstand genutzt werden oder innerlich über die Intuition. Um zu verstehen, was ich hier meine, nehmen wir wieder das Bild der Bewerberin für deine Firma. Wenn du sie zum Vorstellungsgespräch triffst, dann können dir deine fünf Sinne folgende äußere Informationen liefern:

- Sehen: Du siehst, dass die Kandidatin groß ist und kurz geschnittene dunkle Haare hat. Du siehst einen kleinen Fussel auf ihrem edel wirkenden grünen Businesskostüm.
- Hören: Du hörst, was sie sagt und wie ihre Stimme klingt. Sie bildet komplexe Sätze, spricht ohne Punkt und Komma und scheinbar ohne Luft zu holen.
- Riechen: Du kannst ihr Parfum riechen oder ihr Duschgel, vielleicht sogar ihren Schweiß.
- Schmecken: Vermutlich wirst du deine Jobbewerberin nicht küssen oder abschlecken. Dieser Sinn eignet sich besser fürs Essen.
- Tasten: Durch das Händeschütteln bei der Begrüßung

kannst du dein Gegenüber auch ein wenig ertasten und erkennen, ob der Händedruck fest oder zaghaft ist.

Über diese äußere Wahrnehmung durch deine fünf Sinne kannst du dir eine Meinung bilden über alles und jeden, der dir begegnet. Nun verhält es sich mit unserer äußeren Wahrnehmung wie mit dem Eisberg: Nur fünf Prozent des Gesamten ist erkennbar. Die restlichen 95 Prozent liegen – wie beim Eisberg – im Verborgenen. Und dennoch nimmst du sie wahr. Unbewusst. Über Rückkoppelungen zu vergangenen Erfahrungen, gelernten Mustern oder Werturteilen. Der Fussel auf ihrem Blazer kann dazu führen, dass sich in dir die Meinung bildet, sie sei ungepflegt. Das Parfum kann dich an deine Freundin erinnern und Wohlwollen in dir hervorrufen. Unsere fünf Sinne, pur auf Verstandesebene angewandt, brauchen Interpretation, denn tatsächlich ist die äußere Wahrnehmung über deinen Verstand immer eingeschränkt. Fünf Prozent reichen nicht aus, um eine fundierte Entscheidung zu treffen. Die fünf Sinne bräuchten eine gut geschulte Interpretation, um verlässlich zu sein. Da Interpretation jedoch stets auch Projektion beinhaltet, ist es besser, ganz auf äußere Interpretation zu verzichten. Zumindest, wenn es um die wirklich wichtigen Dinge geht. Denn ob du jemanden einstellst oder nicht, sollte nicht davon abhängen, ob dich ihr Geruch an deine Freundin erinnert oder ob du ihr den Fussel übel nimmst, sondern ob sie dich in deinem Business voranbringt. Aus diesem Grund kannst du das unbewusste Interpretieren auch einfach sein lassen und dir die Intuition mit ihrem breiten Wissen zunutze machen.

Deine fünf Sinne funktionieren im Aussen und im Innen.

Mit deinen inneren Augen beispielsweise siehst du, dass deine Kandidatin ein trauriges Lächeln hat. Mit deinen inneren Ohren hörst du eine Melancholie in ihrer Stimme, selbst wenn sie von einem ihrer Erfolge im früheren Unternehmen spricht. Du fühlst, wie sehr sie sich bemüht, dir zu gefallen und ihre Müdigkeit vor dir zu verbergen. Wenn du dich dann noch weiter auf deine inneren Sinne einlässt, dann kannst du hinter der Abgespanntheit ein verborgenes Funkeln und Strahlen erkennen. Du nimmst eine unterschwellige Begeisterungsfähigkeit wahr, die gefühlt jahrelang unterdrückt wurde. Du hörst einen Kampfgeist in jedem einzelnen ihrer ohne Punkt und Komma gesprochenen Sätze.

Von den fünf Sinnen nutzt die Intuition zur Kommunikation hauptsächlich die folgenden drei: Sehen, Hören und Tasten bzw. Fühlen. Wenn ich dich später im Buch bei deinem ersten eigenen Intuitionskontakt begleite, dann ist es wichtig zu wissen, dass die Intuition zwar dieselben Sinne nach innen nutzt wie der Verstand nach außen, dass du deshalb aber nicht 1:1 dasselbe an Wahrnehmung erwarten kannst. Lass es uns gleich gemeinsam ausprobieren: Sieh dich um in dem Raum, in dem du dich gerade befindest, und wähle einen Gegenstand aus. Betrachte ihn. Sagen wir, du hast eine kleine Leselampe gewählt. Wenn du sie ansiehst, dann wirst du ihre Farbe und Form exakt wahrnehmen und beschreiben können. Vielleicht hörst du ein leises Surren der Leuchtdiode. Und wenn du sie berührst, dann fühlst du beispielsweise Metall. Schließ nun bitte deine Augen und stell dir die Leselampe erneut vor. Du wirst ein Bild vor deinem inneren Auge konstruieren und beschreiben können. Womöglich erscheinen dir die Konturen der Lampe vor dem inneren Auge nicht mehr ganz so scharf. Oder die restliche Umgebung, die du mit geöffneten Augen noch vage im Blick hattest, ist bei geschlossenen Augen verschwunden. Das innere Bild weicht etwas vom Äußeren ab. Probiere nun, das Surren der Leuchtdiode mit deinem inneren Ohr nachzuhören. Das gelingt schon deutlich schwieriger. Vielleicht wirst du an dieser Stelle auch das Surren laut nachzuahmen versuchen und einen Summton von dir geben. Jedenfalls scheint es mehr ein Gefühl von einem Geräusch zu sein als tatsächlich ein Rauschen, das du innerlich hörst. Vielleicht klappt es leichter, wenn du nun noch ins innere Tasten gehst und versuchst, die Metalloberfläche der Lampe wahrzunehmen. Vielleicht bekommst du ein Gefühl in den Fingerspitzen. Wahrscheinlicher aber ist, dass du kein inneres haptisches Gefühl erzeugst, sondern automatisch ins Beschreiben abgleitest. Dann sagst du Sätze ähnlich wie: »Es ist metallisch. Ich sehe eine metallische Oberfläche. Sie fühlt sich kühl und glatt an.«

Ein weiteres Beispiel. Schließ dazu wieder deine Augen und denk an einen lieben Menschen. Wie sieht er aus? Wie hört er sich an? Wie fühlt er sich an? Sobald wir unseren Fokus nach innen richten, gehen wir automatisch in ein Beschreiben unserer Wahrnehmung. Alles wird vager und diffuser und trotzdem kannst du es klar benennen. Der liebe Mensch, den du gewählt hast, ist dann 194 Zentimeter groß, hat eine kräftige Statur mit breiten Schultern, ein ovales Gesicht und blaue Augen. Seine sonore Stimme kann er modulieren, je nachdem, wovon er gerade erzählt. Körperlich fühlt er sich robust an und zugleich kuschelig und weich über den markigen Muskeln. Du erinnerst dich an das erste Mal, als du seine Hand gedrückt hast, was damals und heute ein sicheres Gefühl in dir auslöst. Sobald wir nach innen gehen, beginnen wir zu beschreiben. So ähnlich passiert es auch, wenn wir mit unserer Intuition kommunizieren. Der Unterschied hierbei ist: Du konstruierst nicht. Du stellst dir nichts vor, was vorher ein Gedanke war. Das heißt: Du denkst nicht an etwas und kreierst dazu etwas Sicht-, Hör- und Fühlbares. Gerade habe ich hier meinen Mann als meinen lieben Menschen beschrieben. Ich habe an ihn gedacht und ihn mir bildlich ins Gedächtnis gerufen. Dann habe ich innerlich seiner Stimme gelauscht und sie für dich beschrieben. Ebenso bin ich mit meiner haptischen Wahrnehmung verfahren – und zwar in zweifacher Hinsicht: Einerseits habe ich skizziert, wie er sich anfühlt, wenn ich ihn berühre. Andererseits habe ich davon gesprochen, wie ich mich fühle, wenn ich ihn berühre. Wahrnehmung im doppelten Sinn also.

Im Intuitionskontakt verhält es sich ähnlich umgekehrt: Ähnlich, weil die innere Wahrnehmung genauso verläuft wie eben beschrieben. Umgekehrt, weil nicht zuerst der Gedanke da ist und dann das Gefühl, sondern zuerst die innere Wahrnehmung und im Anschluss die Übersetzung auf die gedankliche, verstandesmäßige Ebene erfolgt. Beim Lesen der Intuition brauchst du keinen Gedanken, keine Vorstellung zu haben. Vielmehr empfängst du. Du empfängst innere Bilder, du hörst innere Geräusche und nimmst innerlich etwas wahr – von Eindrücken bis hin zu Geistesblitzen und körperlichen Wahrnehmungen. Und noch einen Unterschied gibt es beim Lesen der Intuition: Die inneren Informationen lassen sich nicht verändern. Konkret heißt das dann: Wenn du als Antwort auf eine Frage das Bild eines blauen Dreiecks bekommst, dann kannst du daraus in Gedanken nicht einfach so eine rote Kugel machen. Deine Intuition bleibt auch hier klar. Sie hilft dir mit ergänzenden Informationen und zusätzlichen Bildern, Worten, Gedankenblitzen, Eindrücken und körperlichen Empfindungen nur dabei, ihre Informationen rund zu bekommen und sie übersetzen zu können. Wenn es später also ums Lesen der Intuition geht, dann lass bitte alles los, was du aktuell noch an Erwartungen hast, wie das Empfangen der Impulse bei dir auszusehen hat. Vielleicht weißt du die Antwort auch einfach. So war es bei mir zu Beginn. Sobald ich ins Lesen ging, wusste ich die Antworten. Manchmal warf mich das etwas aus der Bahn, denn mein Ego meinte, dass ich unbedingt etwas fühlen musste, damit es echte Intuition sei. Heute, nach etlichem Beobachten und Befragen meiner Intuition dazu, weiß ich allerdings, dass dieses Wissen das innere Hören ist. Es kann also sein, dass du im Intuitionskontakt Gedankenblitze hast. Plötzlich hast du die Information im Gehirn und sie lässt sich auch nicht mehr wegradieren. Verabschiede dich also davon, dass du die Art der Wahrnehmung kontrollieren kannst oder die Infos deiner Intuition nur dann echt sind, wenn du dich beim Lesen tatsächlich traurig oder glücklich fühlst. Die Intuition schubst dich nicht in Dramen. Sie ist, wie bereits erwähnt, meist neutral oder sogar emotionslos, doch stets mitfühlend. Das Lesen der Intuition ist daher keine Achterbahnfahrt der Gefühle, sondern zumeist das genaue Gegenteil: Wenn du frei vom Ego bist, nimmst du sachlicher wahr. Der Tastsinn, der sich nach innen richtet, hinterlässt emotionale Eindrücke und tatsächliche körperliche Reaktionen. So kann es durchaus vorkommen, dass du wirklich dein Herz lauter klopfen hörst oder die Empfindung hast, als würden deine

Füße jucken oder dir der Atem stocken. Manchmal sind diese Körpersensationen begleitet von Energiewellen, die sich als Kribbeln, Druck oder inneres Aufrichten bemerkbar machen. All das sind natürliche Impulse deiner Intuition. So teilt sie sich dir mit.

Deine Intuition wird es dir leicht machen, sie zu verstehen. Sie hat ein starkes Interesse daran, von dir gehört zu werden. Du brauchst also keine Sorge zu haben, dass du sie übersehen, -hören oder -fühlen könntest. Zwar ist deine Intuition schnell und hat die Antwort sofort parat, doch wird sie dir ebenso die Zeit geben, ihren Impuls wahrzunehmen, ihn deutlich als solchen zu erkennen und zu benennen. Vielfach wartet deine Intuition zudem mit einer Kombination aus verschiedenen Wahrnehmungsimpulsen auf. So kann es durchaus sein, dass beim intuitiven Klären von Projektprioritäten eine Geschäftsidee als Leuchtreklame vor deinem inneren Auge aufblitzt und dir gleichzeitig ein wohliger Schauer den Rücken hinabläuft. So hilft dir deine Intuition, das Wahrgenommene als echt anzuerkennen. Mit der Zeit mag sich die Art, wie deine Intuition mit dir kommuniziert, verändern. Je mehr Zutrauen du in das immense Wissen in dir findest, umso unkomplizierter wird der Kontakt vonstattengehen. Du wirst sehen: Letztendlich ist es leichter als vom Ego gedacht!

Ich erinnere mich noch an eine Kursteilnehmerin, die das Lesen der Intuition bei mir erlernte. Ich will sie hier Elke nennen. Elke war eine toughe Businessfrau, die bereits viel Persönlichkeitsentwicklung durchlaufen hatte und daher auch sofort klar und eindeutig auf der Verstandesebene artikulierte, dass ihre Intuition garantiert und ausschließlich in

Bildern mit ihr kommunizieren würde. Schließlich sei sie ein visueller Typ. Doch Elkes Intuition hielt sich nicht an ihren Ego-Plan, meinte es stattdessen wirklich gut mit ihr und verblüffte sie. Während der ersten Intuitionskontakte erhielt sie keine Bilder. Nicht ein einziges. Stattdessen überrollte Elke im Intuitionskontakt ein Gefühl nach dem anderen: Einmal war es ein stechender Schmerz in der Brust, dann liefen ein paar Tränen ihre Wangen hinab und wieder ein paar Minuten später gluckste sie fröhlich in kindlicher Sprache. Zuerst war Elke am Verzweifeln und kämpfte zwei Tage lang stark mit sich. Mehr als einmal hörte ich sie resignierend, doch nicht ernst gemeint sagen: »Ich fahre jetzt gleich nach Hause. Bei mir klappt das Lesen der Intuition nicht. Ich sehe nichts! Da kommen keine Bilder. Ich sehe nichts!« Doch ich konnte deutlich spüren, wie klar Elkes Intuition war und dass Elke ein großer persönlicher Wachstumsschritt bevorstand. Elke raffte sich auf und hielt durch. Dann geschah der Durchbruch und Elke konnte ihre vorgefertigte Denkstruktur über sich und darüber, wie der Intuitionskontakt bei ihr auszusehen hatte, loslassen. Sie warf ihre gewachsene Ego-Meinung bezüglich ihrer selbst über Bord und gab sich ganz der Sprache ihrer Intuition hin. Ihre Intuition hatte entschieden, mit ihr über Körperreaktionen zu kommunizieren, und endlich konnte sich Elke gegenüber dieser Fülle an Gefühlen und körperlichen Wahrnehmungen öffnen. Warum hatte die Intuition diesen Weg gewählt? Ganz einfach: Elkes Intuition wusste, dass die Karrierefrau, die es gewohnt war, unglaublich schnell abzuwägen, zu entscheiden und zu handeln, mit inneren Bildern im Verstand verhaftet bleiben würde und keine Unterscheidungsfähigkeit zwischen Herz und Hirn entwickeln könnte. Daher bekam Elke das Geschenk der Gefühle und der Verbindung zum Körper. Nachdem Elke sich für die individuelle Sprache ihrer Intuition geöffnet hatte und alle ihre Körpersensationen nicht nur wahrnehmen, sondern anschließend auch übersetzen konnte, wurde sie als Person unmittelbar weicher und warmherziger mit sich selbst. Sie konnte sich nun wieder fühlen. Just in dem Moment kam Elkes Intuition mit dem nächsten Geschenk um die Ecke: mit Bildern. Nachdem Elke jetzt verstanden hatte, wie sie vertrauensvoll Zugang zu ihrer echten Intuition finden konnte, unterstützte sie ihre Intuition nun dabei, dies entsprechend ihrem gewohnten Tempo zu visualisieren.

Nachfragen lohnt sich

Jede Intuition ist individuell, so einzigartig wie du. Auch wenn es ein Kennzeichen der Intuition ist, dass sie blitzschnell kommuniziert, so kannst du dir sicher sein, dass sie sich in ihrer Art und Weise ganz dir anpasst. Du musst also keine Elke werden, die heute ratzfatz mit Gefühlen und Bildern im Intuitionskontakt Informationen für sich einsammelt. Vielmehr soll dir Elkes Beispiel zeigen, dass du unbedingt du selbst werden sollst und darfst, wenn es um deinen individuellen Zugang zur Intuition geht. Du sollst und darfst dich von dem verabschieden, was du dir als äußere Goldschicht deiner selbst zurechtgelegt hast, und dich ganz einlassen auf die unermessliche Weisheit, die in dir ist. So wirst du nicht nur Informationen deiner Intuition erhalten, sondern lernen, diese immer tiefer und deutlicher für dich zu verstehen und zu übersetzen. Genau so ist der Intuitionskontakt nämlich angelegt: dass er dich schrittweise immer klarer werden lässt und dir eine Botschaft nach der anderen offenbart.

Wisse: Der erste Impuls, der sich über einen oder mehrere deiner Sinne von innen in dein Bewusstsein schlängelt, braucht eine weitere Runde des Hinterfragens. Gerade zu Beginn ist es immens wichtig, bei deiner Intuition nachzufragen, um so auch Klarheit für deinen Verstand zu schaffen und beide, Verstand und Intuition, in Einklang zu bringen. Gemeinsam sind die beiden ein Dream-Team!

» *Die Intuition weist die Richtung, der Verstand geht den Weg.* «

Gib dich daher nicht mit der ersten Information deiner Intuition zufrieden. Nicht, weil du nicht genügsam wärst, sondern weil du die innere Information rund machen sollst. Erhältst du als Antwort auf eine Frage beispielsweise ein »Ja«, dann frag nach, warum dieser Weg gut für dich ist. Ansonsten kann es ganz leicht geschehen, dass du ins Zweifeln kommst, sobald eine erste kleine Hürde auftaucht oder jemand anderes dich infrage stellt. Umgekehrt genauso: Ist die Antwort deiner Intuition »Nein«, dann bitte auch hier um eine Erklärung, damit du die Idee getrost verwerfen kannst und sie nicht drei Tage später wieder aus der Schublade hervorkramst. Ganz egal, welches Bild, welches Wort, welcher Geistesblitz oder welches emotionale oder körperliche Gefühl du wahrnimmst: Frag nach, was deine Intuition dir damit sagen möchte. Geh niemals mit der ersten erhaltenen Antwort, sondern nutze die feine Qualität deiner geübten Intuition, um die Antworten abzurunden oder so deutlich zu machen, dass der Verstand danach mit dem Umsetzen und

Abarbeiten beginnen kann. Du wirst so ein ganz neues Level an Tiefe, Qualität und innerer Sicherheit für dich und deinen Weg erlangen.

Lass uns noch einmal zum Vorstellungsgespräch und zur möglichen Kandidatin für dein Team zurückkehren – der Frau mit dem Fussel auf dem Blazer. Erinnere dich, dass sich die Beschreibung der Person von Mal zu Mal verändert hat. Solange wir ausschließlich auf der Verstandesebene unterwegs waren, konnten wir nur Sachverhalte feststellen, aber keine Entscheidungsgrundlage finden. Dann begann die Interpretation durch unser Ego, die je nach Erfahrung und Vorurteilen positiv oder negativ ausfallen kann. Schließlich die erste Ebene der Wahrnehmung. Das ist das, was wir oft als »Zwischen-den-Zeilen-Lesen« beschreiben: ihre traurigen Augen und ihre Müdigkeit. Traurige Augen können rational nicht vom Verstand erkannt werden. Denn Trauer ist eine Emotion. Dazu braucht es emotionales Sehen. Das wiederum geschieht bereits unterhalb der Wasseroberfläche. Wir alle verfügen über diese Interpretationsfähigkeit, sie zeichnet uns als soziale und intellektuelle Wesen aus und unterscheidet uns von anderen Lebewesen. Gleichwohl es auch hier in weiterer Folge zu Fehlinterpretationen kommen kann. Das traurige Lächeln können wir als solches erkennen, den Grund dafür allerdings nicht. Und so zimmern wir uns gern etwas zurecht: Die eine mag darin eine Art Resignation oder Lebensmüdigkeit erkennen, der andere sieht darin ein Potenzial, das gefesselt ist und geborgen werden kann. Doch nur, wenn wir noch eine Ebene tiefer gehen und die Wahrnehmung auf der Ebene der echten Intuition betreten, sind wir fähig, komplett ohne Interpretation wahrzunehmen, ob und welche Relevanz dieses traurige Lächeln für uns und eine mögliche Zusammenarbeit hat. Denn die schlichte Wahrheit ist: Wir müssen nicht wissen, warum das Lächeln traurig ist. Wir brauchen nur zu wissen, ob die Person, die es trägt, passend für uns ist. Auf der Ebene der echten Intuition erkennst du den Wesenskern der Kandidatin. Du siehst, was sich in ihrem Goldnugget verbirgt: Elan und Dynamik. So hast du eine fundierte Entscheidungsgrundlage.

Scheint alles kompliziert? Mitnichten! Einmal Kontakt zu deiner Intuition hergestellt, kommst du direkt an deine Wahrheit heran. Du gibst nichts auf von den Qualitäten, die du dir im Leben bereits angeeignet hast: Du nutzt trotzdem deinen Verstand, du interpretierst trotzdem aus dem Ego, du liest trotzdem zwischen den Zeilen. Jedoch fügst du noch etwas hinzu, das ein Game-Changer ist. Dadurch entdeckst du die Wahrheit in deinem Inneren. Und schon brauchen Verstand, Ego und sozialisierte Erfahrung nicht mehr miteinander zu wetteifern.

» *Lesen der Intuition ist wie das Einsetzen eines fehlenden Puzzleteils, welches das Bild komplett macht.* «

Prozesse kürzen sich ab. Deine Intuition hat dir die wichtigsten Anhaltspunkte geliefert und somit eine vollständige Entscheidungsgrundlage. Du hast bereits diese feinen Antennen, die dich auf deinem Weg immer unterstützen. Je nuancierter du diese wahrzunehmen lernst, desto erfolgreicher, schneller und leichter wirst du Entscheidungen treffen können. Du gewinnst die Fähigkeit, in dich und dein Inneres Einsicht nehmen zu können. So kannst du klare Entscheidungen treffen und brauchst dafür keine faktenbasierte Evidenz.

Diese schnellen Entscheidungen über die Intuition funktionieren deshalb, weil die Intuition das Supernetz der feinstofflichen Energien nutzt. Während sich der Verstand auf der Festplatte des Computers an äußerlich sichtbaren, hörbaren oder ertastbaren Impulsen orientieren muss, kann die Intuition schnell mal in die energetische Gesamtheit des Gegenübers eintauchen und sehen, hören oder fühlen. Das aktiviert das Supernetz, das letztendlich nur an der Firewall des Egos vorbeimuss, um tatsächlich von unserem Bewusstsein verstandesmäßig erfasst und gehört werden zu können.

Da wir nicht nur den sichtbaren Körper, sondern außerdem ein unsichtbares Energiefeld um uns herum haben, ist es möglich, immer im Wechselspiel von Verstand und Intuition zu arbeiten. Vermutlich ist es dir schon einmal passiert, dass dir jemand körperlich zu nahe gekommen ist und du das Gefühl hattest, räumlich auf Abstand zu dieser Person gehen zu wollen. Unsere Intuition erspürt genau dieses Energiefeld um dich und um alles herum und nimmt dabei noch einmal tiefere und feinere Schwingungen wahr. Je feiner ein Instrument gestimmt ist, umso klangvoller sein Ton. Oder in unserem Fall: Je integrierter dein inneres Teammitglied ist, umso feiner und klarer ist dessen Wahrnehmung, umso deutlicher ist auch seine Art der Kommunikation. Dein Eisberg schwimmt im Wasser. Das Wasser ist das Supernetz. Ein Supernetz, das uns alle verbindet und in das jede und jeder eintauchen kann. Je tiefer du tauchst, umso klarer wirst du sehen und erkennen.

Daher mein Rat: Werde feiner und achtsamer mit dir, stiller in dir und in deinem Gedankenkarussell. Erkenne deine Emotionen und deine Gefühle. Nimm ihre Unterschiedlichkeit wahr. So kannst du diese Feinheit und Exaktheit deiner Intuition bestmöglich kennenlernen. Du bist viel mehr als dein Körper und dein Verstand. Du bist ein fühlender und ein mit allem verbundener Mensch. Du bist ein unendlich wundervolles Wesen, das einen Körper und einen Verstand benutzt, um sich ausdrücken zu können. Deine Intuition braucht deinen Verstand, um die feine Wahrnehmung von innen nach außen zu bringen und die Informationen aus dem Supernetz auf der Festplatte sichtbar zu machen. Beide im Einklang zu halten und gut zu führen, wird dir mannigfaltige Türen öffnen!

Unechte Emotionen und echte Gefühle

Gewöhnlich verwenden wir die Begriffe Emotionen und Gefühle als Synonyme füreinander. Daher glauben wir fälschlicherweise oft, dass beides Intuitionsinformationen sind, denen wir folgen sollen. Tatsächlich besteht aber ein riesengroßer Unterschied zwischen den beiden.[5] Diese Unterschiedlichkeit wird anhand eines ersten Beispiels verdeutlicht. Lies dir die beiden folgenden Sätze durch und beobachte, welche Gedanken dazu bei dir auftauchen:

»Du bist so emotional.«
»Du bist so gefühlvoll.«

Vielleicht wirst du feststellen, dass der erste Satz ein wenig abwertend klingt. Anklagend vielleicht. »Du bist so emotional« ist ein Vorwurf an eine Person, die sich ihrer dramatischen Gefühlswelt ergibt. Die Aussage »Du bist so gefühlvoll« hingegen lässt auf ganz viel Empathiefähigkeit beim Gegenüber schließen.

Wenn es um das Wahrnehmen der Intuition geht, dann ist es wichtig, zwischen Emotionen und Gefühlen unterscheiden zu können. Ein Beispiel: Landläufig sagen wir: »Wenn es sich nicht gut anfühlt, dann mach es nicht!« Wir glauben, damit dem Bauchgefühl zu entsprechen. Tatsächlich spüren wir in diesem »Es fühlt sich nicht gut an« die Emotion Angst. Angst davor, ein bestimmtes Risiko einzugehen. Sie verhindert, dass wir unsere wahren Gefühle, unsere wahre innere Stimme überhaupt erkennen.

» Echte Intuition ist die Stimme hinter Angst, Unsicherheit und Zweifel. «

Unechte Emotionen kommen von deinem Ego

Das ewiggestrige Ego will in seinem altertümlichen Scheinsicherheitszustand verankert bleiben. Es wird mit laut polternden Emotionen aufwarten, um dein altes Ich zu beschützen. Tatsächlich sind Emotionen unterdrückte Gefühle aus der Vergangenheit. Sie haben ihren Ursprung in der Vergangenheit. Dabei ist es egal, ob diese Vergangenheit fünf Minuten oder 50 Jahre her ist. Zum jeweils damaligen Zeitpunkt wurden deine Gefühle unterdrückt. Vielleicht hast du dir als Kind Benimmregeln angeeignet wie »Mädchen sind sittsam« oder »Echte Männer weinen nicht«. Vielleicht wolltest du dich letzte Woche deinem Chef gegenüber politisch korrekt verhalten und hast seinen bissigen Kommentar stehen lassen, während du innerlich gebebt hast. Ganz egal, warum du deine Gefühle unterdrückt hast – dadurch, dass sie kein Ventil gefunden haben, um frei nach außen zu fließen, sammeln sie sich in dir. Dann ist es wie auf deiner Autobahn im Feierabendverkehr: Mehr und mehr unterdrückte Gefühle führen zu einem Stau, in diesem Fall zu einem Emotionsstau in dir.

Jedes unterdrückte Gefühl sammelt sich so in dir und wartet darauf, ausbrechen zu können. Wenn es dann so weit ist, geschieht dies meist explosionsartig und stürmisch: Du reagierst vollkommen überzogen auf eine harmlose Bemerkung deiner Partnerin. Beim Autofahren begegnen dir nur Idioten, die beschimpft und mit dem Mittelfinger gemaßregelt werden müssen. Der Berater im Schuhgeschäft wird mit rollenden Augen und einem Kopfschütteln bedacht, weil er trotz klarer Anweisungen immer wieder mit falschen Vorschlägen aufwartet. Kurzum: Du bist reizbar, nörglerisch und ungeduldig. Wenn du gelernt hast, dich selbst zu kontrollieren, dann versuchst du dies vielleicht auch bei anderen: Du legst eine innere Strichliste an, um die Verfehlungen anderer für dich zu dokumentieren und im geeigneten Moment zum kontrollierten Rachefeldzug zu blasen.

In diesem Zustand der Emotionalität bist du nicht du. Du verkrampfst innerlich, vielleicht spürst du einen Druck in der Magengegend oder im Solarplexus, wo ein großes Nervengeflecht zwischen Brustbein und Bauchnabel ist. Du verschließt dich, fühlst dich getrennt von dir und anderen. Du bist nicht gut bei dir. Du bist launisch, ziehst dich zurück. Oft spürst du ein Gefühl von Ohnmacht. In dir fühlt sich alles eng und klein an. Du bist erschöpft, selbst wenn du genug Schlaf hattest.

Wenn du in Emotionen verhaftet bist, dann sprichst du mehr über andere als über dich selbst. Worte wie »immer«, »ständig«, »nie« tauchen häufig in deinen Sätzen auf. »Ständig ärgerst du mich« könnte dann ein Satz sein, den du in deiner Kommunikation verwendest. Wenn du theoretisch gelernt hast, dass du Ich-Botschaften senden, über dich und deine Gefühle sprechen sollst, dann äußerst du Sätze wie »Ich habe das Gefühl, dass du mich ärgerst« und bist damit indirekt emotional. Denn die Anklage bleibt in beiden Fällen dieselbe. Diese unterschwellige Emotionalität zeigt sich oft auch dadurch, dass du keinen Augenkontakt mehr zum Gegenüber halten kannst. Du lehnst dein Gegenüber ab, während du gleichzeitig mit deiner emotionalen Aufmerksamkeit bei seinen Verfehlungen und seinem idealisierten Verhalten bist. (Ergänzung: Gut funktionierende Ich-Botschaften lassen das Gegenüber sprachlich vollkommen außen vor. Du würdest den Beispielsatz also so formulieren: »Ich bin verärgert.«)

Durch Sätze wie »Denk, bevor du sprichst!« haben wir gelernt, alles rational zu bewerten und logisch an Sachverhalte heranzugehen. Unsere Ego-Gedanken analysieren eine vergangene Situation nach der nächsten und finden so immer wieder Bestätigungen für die Richtigkeit des eigenen Verhaltens. Das bringt uns noch mehr in eine Art Opferrolle. Vor allem dann, wenn wir uns mit unseren Emotionen identifizieren. »So bin ich halt« sagt nichts über dein wahres Wesen aus, sondern nur etwas über die Emotion deiner Vergangenheit, an der du heute immer noch festhältst. Erinnere dich an das Eisberg-Modell: Dein »So bin ich halt«-Ich ist nur der kleine emotionale Anteil von dir, dessen du dir aktuell bewusst bist, der Teil, der aus dem Wasser herausragt, ohne dass du bis dato genau hättest hinterfragen können, ob es da vielleicht noch mehr in dir gibt.

Echte Gefühle kommen von deiner Intuition

Doch da ist mehr. Du bist so viel mehr als deine Emotionalität, die dich in der Vergangenheit festhält. Um dein Mehr erkennen zu können, braucht es dich in der Tiefe deines Eisbergs. Und es braucht dich auch im gegenwärtigen Moment. Bitte erinnere dich:

 Deine Intuition ist ein Kind der Gegenwart.

Ebenso deine Gefühle. Gefühle sind Wahrnehmungen im gegenwärtigen Augenblick. Gefühle entstehen immer im Moment und sind auch nur im jeweiligen Moment tatsächlich gut wahrnehmbar. Wenn du die Chance verpasst, ein echtes Gefühl für dich oder für andere zu benennen, und es unterdrückst, dann wird daraus schnell eine Emotion.

Gefühle lassen dich die Welt neutral sehen. Egal ob Freude oder Traurigkeit: Wenn es echte Gefühle sind, dann kannst du sie wahrnehmen, ohne gleichzeitig dabei emotional einsteigen zu müssen. Du kannst ein Gefühl von Traurigkeit wahrnehmen, ohne dabei selbst traurig zu werden. Das klingt tatsächlich nur im ersten Moment widersprüchlich und unlogisch. Und wenn bei dir nun die Frage auftaucht: »Wie soll ich denn Traurigkeit wahrnehmen, ohne selbst traurig zu werden?«, dann lass mich dir folgendes Bild geben: Stell dir vor, du babysittest bei deinem fünfjährigen Neffen. Ihr tollt auf dem Spielplatz herum und plötzlich fällt er beim Wettrennen auf der Wiese hin. Er weint. Du kannst ihm helfen, seine Traurigkeit zu überwinden, ohne selbst Tränen zu vergießen. Du nimmst die Traurigkeit wahr, ohne selbst emotional einsteigen zu müssen. Ähnlich ist es, wenn deine verheulte Freundin bei dir auftaucht, weil ihr Mann sie verlassen hat. Du erkennst ihre Traurigkeit, musst aber selbst nicht traurig werden. Diese Wahrnehmung gelingt in diesen beiden Fällen so leicht, weil wir anderen eine bessere Distanz entgegenbringen als uns selbst. Automatisch unterscheiden wir zwischen den anderen und uns selbst. Wenn du später in den Intuitionskontakt gehst, dann wirst du üben, diese Fähigkeit der positiven Distanz dir selbst angedeihen zu lassen. Du wirst in dir Anteile entdecken, die Traurigkeit und andere Gefühle ausstrahlen. Doch du wirst dich auch darin üben, sie aus der Vogelperspektive zu betrachten, ohne selbst emotional traurig zu werden.

Wenn ich von einer Klientin oder einem Klienten gebeten werde zu lesen: »Soll ich mich von meinem Partner bzw. von meiner Partnerin trennen?«, dann macht das emotional wenig mit mir persönlich. Ich nehme die Not meines Gegenübers wahr und natürlich fühle ich mit ihm. Doch egal, welche Informationen seine Intuition hier liefert, sie triggert mich emotional nicht. Würde ich hingegen für mich selbst lesen: »Soll ich mich von meinem Ehemann trennen?«, dann würde mein Ego die emotionale Achterbahn in Dauerschleife fahren. Erst wenn ich hinter die Stimme meines Egos blicke, kann ich die emotionsfreie Antwort meiner Intuition erkennen.

Gefühle sind im Gegensatz zu Emotionen viel leiser, im Sinne von unaufgeregter oder neutraler. Das ist für viele von uns oft schwer auszuhalten, weil wir unser Drama so sehr brauchen. Wenn unser Leben dramatisch ist, wenn wir tiefe emotionale Traurigkeit oder überschäumende Freude zum Ausdruck bringen können, dann glauben wir, lebendig und wichtig zu sein. Das kommt daher, weil wir nie wirklich Gefühle zeigen durften und es starker Emotionen bedarf, damit wir spüren können, wenn wir in Verbindung mit uns sind. Tatsächlich aber ist es umgekehrt.

Gefühle verbinden dich mit dir selbst. Anfangs mag diese neue »Gefühlvollheit« unangenehm sein. Wir wollen weder verletzlich sein noch uns vor anderen so zeigen. Tatsächlich aber macht uns unsere Verbundenheit mit uns und unserer Wahrnehmung nicht nur besonders klar, sondern auch besonders offen und authentisch. Gefühlsbetonte und emotional emanzipierte Menschen können schnell und frei reagieren. Da wir im Zustand des echten Wahrnehmens wirklich erkennen, worum es gerade geht, können wir natürlich und frei von jedem Zwang auf jede Situation reagieren. Wenn wir aus dem Herzen sprechen, dann berühren wir auch unmittelbar das Herz unseres Gegenübers.

Gefühle legen den Fokus wieder auf dich. Anstatt zu sagen: »Ich habe das Gefühl, dass du ...«, sage: »Ich fühle mich ...«. Dein echtes und wahres Gefühl hat in jedem Moment seine Berechtigung. Du wirst genau das finden, wonach du dich am meisten in deinem Leben sehnst: dich selbst! Es wird dich entspannen, so ehrlich und aufrichtig mit dir umzugehen und zu deiner Gefühlsbetontheit zu stehen. In Wahrheit sind wir nicht nur gefühlvolle Wesen, sondern wir sehnen uns auch nach diesem Urzustand zurück. Durch das Wahrnehmen dessen, was jetzt gerade im Moment ist, wirst du entspannen. Sogar dann, wenn emotionaler Schmerz in dir spürbar ist. Das Erkennen des Schmerzes ist ein Zeichen des Respekts dir selbst gegenüber, den du wahrscheinlich viel zu lange hast vermissen lassen. Du wirst merken, dass du in Verbindung mit deinen Gefühlen bist, wenn du deinem Gegenüber dabei in die Augen sehen kannst. Weil du durch die Akzeptanz deiner eigenen Gefühle auch dazu in der Lage bist, dein Gegenüber anzunehmen. Erlaube dir, dich deiner Gefühlshoheit langsam anzunähern, und fordere nicht von dir, dass du alles auf einmal verstehst und umsetzt. Deine Gefühle fühlen zu lernen ist ein Prozess – ebenso wie der Intuitionskontakt, der neu erlernt werden will und daher Zeit und Übung erfordert. Sei mild und achtsam mit dir – insbesondere zu Beginn.

Die Drei-Schritte-Formel im Umgang mit deinen Alltagsemotionen

Im Intuitionskontakt wirst du eine positive Selbstdistanz entwickeln können und so deutlicher zwischen echten Gefühlen und unechten Emotionen unterscheiden lernen. Um deinem Verstand, dem liebevollen Umsetzer, schon jetzt ein Werkzeug an die Hand zu geben, damit du im Alltag besser mit deinen Emotionen klarkommst, nenne ich dir hier meine Drei-Schritte-Formel: Erkennen – Akzeptieren – Transformieren.

Schritt 1: Erkenne, dass du emotional bist.
Wenn du laut wirst oder dich bewusst zusammenreißen musst, um Contenance zu wahren, wenn du keine Luft mehr bekommst, wenn du gereizt und launisch wirst, wenn du das Gefühl hast, die Bodenhaftung zu verlieren, nicht mehr im

Flow zu sein, über andere schimpfst und an allem etwas auszusetzen hast, dann bist du in diesem Moment mit Sicherheit in deinen Emotionen gefangen. Dir dessen bewusst zu werden, ist die halbe Miete. Denn nun wirst du handlungsfähig im Umgang mit ihnen.

Schritt 2: Akzeptiere, dass du emotional bist.
Sag zu dir selbst oder zu einem möglichen Gegenüber laut: »Ich bin gerade emotional.« Das entspannt dich und ihn. Emotional zu sein, ist nicht schlimm. Ganz im Gegenteil: Emotionen als solche zu erkennen, leitet gleichzeitig den Heilungsprozess ein. Sobald du akzeptierst, dass es da eine alte Emotion in dir gibt, kannst du schon den nächsten Schritt einleiten.

Schritt 3: Transformiere deine Emotion.
Als Sofortmaßnahme kannst du deiner Emotion ein Ventil geben. Unterbrich den Streit mit deinem Partner, die Diskussion mit deiner Chefin. Lauf eine Runde um den Block, besorg dir einen Boxsack, schlag auf ein Kissen ein. So verhinderst du, dass sich die alte Wunde weiter infiziert bzw. der Emotionsstau auf deiner inneren Autobahn länger wird. Emotionen wollen sich entladen. Gib ihnen den Raum. Doch bitte lade die Emotion nicht bei deinem Gegenüber ab – denn: Niemand hat Schuld. Weder der Mensch vis-à-vis kann etwas dafür, dass du emotional bist, noch du selbst.

Jede Emotion hat ihre Berechtigung.
Jedes Gefühl zeigt dir, wer du bist.

Wisse, dass deine Emotionen aus gutem Grund da sind. Emotionen sind alte Wunden, die geheilt werden wollen. Begrüße jede Emotion und freu dich, dass du eine neue Chance auf Heilung hast. Jedes Gefühl zeigt dich mit deiner Wahrhaftigkeit. Du bist einzigartig! Und das ist ein riesengroßes Geschenk. Es geht nicht darum, Gefühle zu unterdrücken, sondern Emotionen loslassen zu lernen, um zu deinen wahren Gefühlen vorzudringen. Dich selbst zu erkennen mit deinen Bedürfnissen und dir diese dann zu erfüllen, das ist der größte Schatz, den du in deinem Leben finden wirst. Du wirst überrascht sein, dass die Quelle dieses Schatzes niemals versiegt, wenn du dich gefunden hast. Und du wirst dir dankbar sein, dass du mit Engagement den Weg auf dich genommen hast, zum Kern deines Wesens und deines wahren Seins vorzudringen. Der Weg dorthin lohnt sich. Emotionen weisen dir den Weg, Gefühle zeigen dir deine Wahrhaftigkeit.

Emotionen und ihre wahren Botschaften

Alles im Leben hat zwei Seiten. Vielleicht hast du diesen Spruch schon einmal gehört. In Bezug auf Emotionen und Gefühle trifft dieses Sprichwort auf jeden Fall zu. Oftmals braucht es nur einen kleinen Perspektivwechsel, um zu verstehen, worum es gerade wirklich geht. Die Intuition ist das beste Hilfsmittel, um die Kehrseite der Medaille Emotion, die aus dem Ego kommt, zu sehen und die echte Botschaft des Gefühls aus deinem wahren Selbst heraus zu erkennen. Je mehr du dich auf den Weg nach innen einlässt, umso mehr werden sich dir Emotionen zeigen, die du durchschreiten darfst, um so zu den wahren Gefühlen bzw. Themen dahinter zu blicken. Um dir den Perspektivwechsel zu erleichtern, möchte ich dir nun die wichtigsten Emotionen und ihre wahren Gefühle dahinter vorstellen.

Angst

Evolutionär betrachtet gibt es nur zwei Urängste: die Angst zu fallen und die Angst vor seltsamen Geräuschen.[6] Beide waren für die Steinzeitmenschen überlebenswichtig. Tatsächlich aber treiben uns heute in der modernen Welt zwei ganz andere Ängste an: nicht gut genug zu sein und nicht geliebt und daher zurückgewiesen zu werden.

Angst als Emotion ist wie ein zusammengeknülltes Blatt Papier: Nichts ist klar oder strukturiert. Überall Enge und Kanten, alles chaotisch, zerdrückt, unansehnlich. Die tatsächlichen Informationen der Angst jedoch liegen unsichtbar im Verborgenen des Papierknäuels. Wenn du Angst hast, dann bist du gedanklich in der Zukunft, weshalb du in der Gegenwart meist handlungsunfähig wirst. Die Angst lähmt dich. Du bleibst stehen. Unbeweglich. Nichts geht mehr. Der Pausenknopf wird gedrückt.

Das neutrale Gefühl der Angst hingegen, die wahre Botschaft der Angst ist eine simple Warnung. Angst will dich zur Vorsicht mahnen. Es gilt, das zusammengeknüllte Blatt Papier zu entfalten und glatt zu streichen. So kannst du die beschützende Auskunft hinter der Emotion Angst lesen. Es ist eine Aufforderung, die Quelle der Angst genauer zu betrachten. Du darfst aus einer neutralen Gefühlslage heraus eine Risikoeinschätzung vornehmen und dann entscheiden, wie wahrscheinlich dein selbst erdachtes Horrorszenario ist und ob und inwieweit du die Warnung beherzigen möchtest.

Um konstruktiv mit deiner Angst umzugehen, bist du eingeladen, dir die folgenden Fragen zu stellen. Mach das gern schriftlich. So hast du diese Risikoeinschätzung für den Verstand schwarz auf weiß vor dir liegen: Wovor genau will mich die Angst warnen? Was genau ist das Risiko? Wie wahrscheinlich ist dieses Szenario? Was könnte im schlimmsten Fall geschehen? Mal dir das Horrorszenario sehr konkret aus! Das ist extrem hilfreich. Und nun Hand aufs Herz: Wie schlimm ist der schlimmste Fall tatsächlich für mich? Könnte ich den Schritt gegebenenfalls rückgängig machen? Kann und soll ich mich auf diese Bedrohung vorbereiten? Wenn ja, wann? Jetzt oder zu einem späteren Zeitpunkt? Oder ist es besser, die Angst für den Moment ganz oder teilweise loszulassen?

Durch diese Analyse wirst du siegreich aus der Emotion Angst hervorgehen und deine Entscheidungsfreiheit wieder zurückgewinnen. Langfristig wird dir der Intuitionskontakt dabei helfen, die Ursachen wiederkehrender Ängste an den Wurzeln zu transformieren, damit du schneller und besser mit ihnen umgehen kannst.

> » *Angst ist ein sicheres Zeichen dafür, dass in deinem Leben noch etwas Schönes auf dich wartet.* «

Da du mit der Emotion Angst in deiner Zukunft verhaftet bist, ist Angst in jedem Fall ein sicheres Signal dafür, dass es noch ein Potenzial in dir zu bergen gibt. Womöglich ist dir schon einmal der Spruch begegnet: »›Angst vor‹ heißt ›Lust auf‹«. Ganz so krass würde ich es nicht beschreiben wollen. Doch aus meiner Erfahrung heraus kann ich dir versichern, dass hinter den größten Ängsten die größten Chancen verborgen sind und sich ein Blick auf die Kehrseite der Medaille Angst lohnt.

Wut

Wenn sich Wut als Emotion äußert, dann fühlen sich Menschen meist eingesperrt, begrenzt und zurückgehalten. Es ist, als wärst du ein Wildpferd auf der grünen Wiese, die von einem Zaun umgeben ist. Du läufst im Kreis und findest keinen Ausweg aus der Koppel. Die Wut findet kein Ventil und befeuert sich so nur noch mehr.

Das neutrale Gefühl der Wut zeigt dir deine persönlichen Grenzen auf, den Grenzwall, den du im Lauf deines Lebens errichtet hast. Wenn du dich über dich selbst oder andere aufregst (das kann laut sein, aber auch leise verdammend), dann hält die Wut ein inneres Stoppschild in dir hoch, ein Verbot. Oft bist du wütend auf andere, weil sie sich Freiheiten herausnehmen, die du dir selbst nicht erlaubst. Es handelt sich dabei um ein Bedürfnis, das zu erfüllen du dir nicht gestattest. Oder du bist wütend auf dich, weil du immer wieder dasselbe tust (im Kreis galoppieren) oder weil du nichts tust (in der Koppel bleiben).

Die Chance, die in der Wut steckt, ist ihre unglaubliche Energie. Die Kraft der Wut kannst du konstruktiv für dich nutzen. Um die Wut kraftvoll zu kanalisieren und damit ihre Power als Hebel für dich wirkt, kläre für dich die folgenden Fragen: Was erlaubt sich die Person, welche die Wut in mir auslöst, was ich mir nicht erlaube? Wenn ich wütend auf mich selbst bin, was erlaube ich mir gerade nicht? Wo begrenze ich mich gerade selbst? Welche Bedürfnisse stecken dahinter? Welches Bedürfnis erfülle ich mir nicht? Wie kann ich die Situation verändern, damit ich mich gut damit fühle?

Anstatt das grüne Gras auf deiner Koppel zu zertrampeln und verbrannte Erde zu hinterlassen, nutze dein wärmendes Feuer, um den Zaun abzufackeln. Erkenne dein Bedürfnis und erfülle es dir, indem du die innere Grenze verschiebst und neue Rahmenbedingungen für dich selbst steckst. Wut trägt unglaubliche Energie in sich – nutze sie!

Traurigkeit

Trauer bzw. Traurigkeit als Emotion ist wie ein tränennasses Papiertaschentuch, das kurz vor dem Auseinanderfallen ist. Es ist schwer, unförmig und verliert immer wieder kleine Wassertropfen. So vollgesogen ist es. Mit Traurigkeit kannst du dich nur schwer bewegen und fühlst dich erdrückt. Eine bleierne Trauer liegt auf dir. Sie hält dich gedanklich in der Vergangenheit zurück. Nur langsam kannst du dich bewegen. Du glaubst, ganz leer zu sein, während du in Wahrheit bis obenhin angefüllt bist: mit Trauer.

Wenn wir Traurigkeit als Gefühl betrachten und die wahre Botschaft beleuchten, dann entdecken wir Folgendes: Niedergeschlagenheit ist eine innere Müdigkeit, die von einer zu starken Anhaftung an das Alte und Vergangene herrührt. Im Zustand der Trauer versuchen wir, einen veralteten Status quo aufrechtzuerhalten, der schon längst nicht mehr der jetzigen Realität entspricht. Als Gefühl lädt die Traurigkeit dich ein, Pause zu machen. Sie zwingt dich zur Ruhe. Du bist aufgefordert, innezuhalten und dich wieder dir selbst im Jetzt zuzuwenden. Wenn du Traurigkeit empfindest, dann bist du gedanklich in der Vergangenheit verhaftet. Gleichzeitig hat sich deine Gegenwart verändert. Das Alte will liebevoll verabschiedet werden. Das neue Jetzt gilt es aber ebenso liebevoll anzunehmen.

Nutze die Zeit der Trauer, um dich selbst zu ergründen und ein Stück weit tiefer zu verstehen. Frage dich: Woran halte ich fest, was mich so unbeweglich und starr sein lässt? Welche Veränderung möchte ich nicht akzeptieren? Was möchte ich nicht wahrhaben und erkennen? Was ist das Alte, das mich daran hindert, meine Gegenwart anzunehmen? Welche Freuden und Chancen möchte ich mir gerade nicht erlauben?

Die Vergangenheit ist vorbei und es ist an der Zeit, wieder in der Gegenwart anzukommen. Wertschätze das Vergangene, das Verlorene, das Geliebte, das Bekannte, das Sichere. Und entscheide dich bewusst dazu, die besten Erfahrungen davon als Erinnerungen weiter in dir zu tragen. So kannst du das Alte ehren und gleichzeitig das Neue willkommen heißen, ohne dass du das Gefühl hast, dich oder andere zu verraten.

Freude

Auch die Freude hat einen emotionalen Aspekt, der aus dem Ego herrührt und nicht zu deinem Besten ist. Als Emotion ist Freude wie ein Vulkanausbruch: Sie ist heftig, laut, stark und oft überdreht. Während sich Freude entlädt wie ein Feuerwerk, bist du im wahrsten Sinne des Wortes *außer dir* vor Freude. In diesem Zustand kannst du dich selbst weder aushalten noch gut spüren. Alles muss raus! Während eines Freudeausbruchs verlierst du viel von deiner Energie. Oftmals stellt sich nach der Euphorie tiefe Niedergeschlagenheit ein, das Phänomen »himmelhoch jauchzend und zu Tode betrübt« zeigt sich gepaart mit der Angst vor dem Fall nach der überschäumenden Freude.

Als Gefühl hingegen will Freude dich nähren und dir Energie geben. Das heiße Magma des Vulkans darf in dir verweilen und dich lange wärmen. Du hast nahrhafte, angenehme, pulsierende Energie in dir, die dich lebendig und gut gelaunt am Boden bleiben lässt. Du erlebst Freude zart und sanft, ruhig und kraftvoll. Kleine, helle Lichtpunkte machen sich in dir breit und tanzen um dich herum. Freude lädt dich dazu ein, dich selbst wahrzunehmen und zu genießen. Du darfst dankbar und offen die Geschenke des Lebens annehmen, die dir Freude bringen und es dir gut gehen lassen.

Um konstruktiv mit deiner Freude umgehen zu können, stelle dir folgende Fragen: Erlaube ich mir, selbst Freude zu haben? Darf mein Leben tatsächlich gut und glücklich sein? Habe ich Erfahrung darin, echte, tiefe, lang anhaltende, nährende Freude zu empfinden? In welchen Situationen kann ich Freude schwer aushalten und muss sie fast wie Gift entladen? Welche Angst empfinde ich beim Gedanken daran, Freude zu haben?

Behalte die Freude das nächste Mal bei und in dir. Übe es, Freude zu haben und dich immer wieder von ihr auf- und erfüllen zu lassen, indem du dir etwas Schönes schenkst, wie etwa frische Himbeeren oder einen Blumenstrauß, oder du dir den Nachmittag auf der Terrasse mit einer Limonade versüßt. Dann spüre die Freude in dir und deinem ganzen Körper ganz bewusst und tief. An welcher Körperstelle kannst du die Freude am deutlichsten wahrnehmen? Lege abends im Bett die Hand noch einmal auf diese Stelle und spüre der Freude nach. Erlaube dir, dich von der Freude berühren zu lassen. Sanft. Zart. Ehrlich. Freude meint es gut mit dir und ist dein eigentlicher Seinszustand.

DER INTUITIONS-KONTAKT

Bevor wir nun konkret darangehen, das *Wie* im Umgang mit deiner Intuition zu klären, möchte ich dir noch einmal die umfassenden Möglichkeiten und das alltägliche, praktische *Wofür* ans Herz legen. Oft scheint es so abstrakt, die Intuition zu fragen, wenn ich doch auch Google bemühen kann oder die Freunde und Familie. Doch irgendwann in deinem Leben wirst du wahrscheinlich an den Punkt kommen, wo weder Verstand noch die Meinung anderer wirklich hilfreich für dich sind. Dann ist es an der Zeit, die Perspektive zu wechseln. Oder – wie wir kürzlich in einem Gespräch mit einer Klientin festgestellt haben – die Augen, die immer nach außen blicken, (bildlich gesprochen) so zu rollen, dass sie nach innen schauen und endlich sehen können, worum es wirklich geht.

Intuition hat mein Leben ungemein stark verändert:

- Mithilfe der Intuition treffe ich schneller und leichter bessere Entscheidungen.
- Mit Intuition verstehe ich mich selbst immer weiter und tiefer.
- Mit Intuition kann ich meine Einstellung zu Menschen und Situationen zum Positiven hin verändern, wodurch mein Leben leichter wird.
- Mit Intuition gelingt es mir spielerisch, die Verantwortung für mein Leben voll und ganz zu übernehmen.
- Mithilfe von Intuition komme ich meinen destruktiven Gedanken- und Verhaltensmustern auf die Schliche und kann sie lösen.
- Mithilfe von Intuition verstehe ich, warum mir immer wieder die gleichen (schlechten) Dinge passieren.
- Mithilfe von Intuition erkenne ich, dass ich nicht meine Gedanken bin, sondern viel mehr und größer als sie.
- Mithilfe von Intuition erkenne ich, dass Ursache und Lösung jedes Problems in mir selbst zu finden sind.
- Intuition zeigt mir meine verborgenen Wünsche und hilft mir, diese zu erfüllen.
- Mit Intuition kann ich vertrauen, dass das Beste in meinem Leben geschieht.

Lass mich die Vorteile der Intuition ganz konkret und unaufgeregt praktisch an einem Beispiel zeigen: Kurz nachdem ich den Kontakt zu meiner Intuition erlernt hatte – ich war damals noch im Angestelltenverhältnis als Managerin im Marketing tätig – standen die alljährlichen Klausuren an. Das bedeutet, ich war aufgefordert, für die mir übertragenen Verantwortungsbereiche Strategien für die Zukunft zu entwickeln. Diesmal machte ich es mir besonders leicht: Ich holte meine Intuition als Beraterin an meine Seite und bat sie, mir die besten Maßnahmen für ein bestimmtes Marktsegment aus dem Supernetz zu holen. Gesagt, getan. Um es kurz zu machen: Es war die schnellste und beste Markenstrategie, die ich jemals abgeliefert hatte. Nie zuvor hatte ich weniger Zeit in die Erstellung der Präsentation gesteckt. Und aus der üblichen Grundsatzdiskussion mit der Geschäftsführung wurde ein einhelliges Gutheißen meines Vorschlags, ohne auch nur eine einzige Maßnahme zu hinterfragen. Noch nie zuvor war ein Entwurf so diskussionslos durch die Gremien der Geschäftsführung verabschiedet worden. Ich konnte es selbst fast nicht glauben, wie leicht der diesjährige Strategieprozess für mich gelaufen war.

Doch die Intuition kann noch viel mehr: Sie bringt mich stetig weiter an mein wahres Selbst heran. Sie hilft mir, meine Identität zu entdecken und zu offenbaren. Manchmal werde ich von alten Bekannten oder Verwandten gefragt, ob ich den Schritt in die Selbstständigkeit und mein Intuitionsbusiness bereue. Nie! Noch an keinem einzigen Tag dachte ich seitdem: Es wäre wohl besser gewesen, nicht zu kündigen. Oder: Eventuell sollte ich wieder zurück ins Angestelltenverhältnis. Ich weiß die Vorzüge zu schätzen, die ich als Solopreneurin genieße. Gleichzeitig kann ich auch – und das ist für mich entscheidend – mit tiefster Überzeugung und ehrlich vor mir selbst behaupten: Es geht mir konstant besser und ging mir noch nie so gut wie jetzt. Etliche Jahre, nachdem ich den Zugang zu meiner Intuition entdeckt und die Befreiung des Selbst für mich und andere in den Mittelpunkt meines Lebens gerückt hatte, hielt ich Rückschau und stellte fest: Noch nie in meinem Leben ist es mir so gut gegangen wie damals zu Beginn meiner Reise mit der Intuition. Wenn ich heute aus noch größerer Distanz Rückschau halte, dann sage ich dasselbe. Mein Leben ist tatsächlich noch schöner, noch besser, noch erfüllender geworden. Wie erst wird sich mein Leben entwickeln, wenn ich den Weg weitergehe? Lass uns in etlichen Jahren noch einmal sprechen. Ich mag es mir kaum vorstellen. Ebenso kann ich mir heute ein Leben ohne Intuition gar nicht mehr vorstellen. So sehr bin ich verbunden mit diesem großartigen Teil von mir selbst.

Damit du in den Genuss der exklusiven, kostenfreien und immerwährenden Beratung deiner Intuition kommst, werden wir nun gemeinsam die Schritte gehen, damit sich deine Intuition in deinem Team willkommen fühlt und du zweifelsfreie Informationen frei Haus geliefert bekommst. Fünf Dinge benötigt deine Intuition, damit sie sich dir offenbaren kann:

- Innere Stille
- Präsenz
- Klarheit
- Offenheit
- Selbstverantwortung

Innere Stille

Da deine Intuition ein sehr feines Organ ist, ist es wichtig, dass du wieder und wieder innerlich still wirst, um sie wahrnehmen zu können. Es ist ein Zeichen von Aufmerksamkeit und Respekt, die du deinem Inneren schenkst, wenn du ruhig wirst. Innerlich still werden bedeutet runterzufahren. Deinen Gedanken eine Pause zu gönnen. Aus dem Hamsterrad der alltäglichen Hektik auszusteigen. Du brauchst kein Zen-Buddhist zu werden, um deine Intuition hinter deinen circa 60.000 täglichen Gedanken wahrzunehmen. Deine Bereitschaft zum Loslassen des Trubels um dich herum genügt.

Vor allem zu Beginn ist es überaus hilfreich, wenn du das innere Stillwerden mit äußerer Stille unterstützt. Such dir einen Ort, an dem du ungestört bist. Wo du weißt, dass jetzt kein Kind im Nebenzimmer zu weinen beginnt oder deine Belegschaft nicht in dein Büro stürmt. Hilfreich ist es, dein Mobiltelefon auf Flugmodus zu schalten. Allzu oft weckt das stumme Vibrieren des Handys deine Gedanken wieder auf. Verbanne alles Störende und Laute aus deinem Umfeld, damit es dich nicht vom Wesentlichen ablenkt.

Mit der Zeit wird dir äußerer Lärm weniger ausmachen und du wirst leichter in die innere Stille gelangen. Mach es dir jedoch nicht unnötig schwer. Du brauchst niemandem zu beweisen, dass du innerlich still werden kannst, während um dich herum Tohuwabohu herrscht. Mach es dir so leicht, wie du nur kannst! Finde den Ort und die Zeit, wo du dich gut entspannen kannst und dich ungestört fühlst. Deine Entspannung ist so ungemein wichtig für diesen Prozess!

Je entspannter du bist, umso leichter kommuniziert deine Intuition mit dir.

Damit verhält sich die Intuition als Beraterin gegenteilig zum vorherrschenden Geschäftsalltag. Für gewöhnlich ist dieser nämlich eher laut als leise und eher angespannt als entspannt: Die Person, die den meisten Stress hatte, gewinnt das Anerkennungsrennen in ihrem Umfeld. Genau inmitten dieser Betriebsamkeit darfst du gegensteuern, wenn du deine Intuition wahrnehmen möchtest. Deine Intuition wünscht sich Ruhe und innere Stille, um dann umso effektiver auf den Punkt zu kommen. Anstatt möglichst viele Punkte deiner Agenda in deinem Joballtag unterzubringen, wirst du dich nach einer kurzen stillen Konferenz mit deiner Intuition um weniger, dafür gewinnbringendere Themen kümmern können. Dich zurückzuziehen und eine entspannte Zeit mit der Intuition zu verbringen, lohnt sich daher doppelt: Du entspannst und findest deinen Fokus!

Sorge aktiv für dich und deine Entspannung. Mit deiner Intuition zu kommunizieren, ist gleichzeitig eine Einladung in eine neue innere Haltung zu gehen, die lautet: Nicht nur, dass es mir gut gehen darf, wenn ich mit meiner Intuition kommuniziere. Vielmehr ist es eine angenehme und hilfreiche Notwendigkeit, eine für mich entspannende Atmosphäre zu schaffen, um die Intuition ins Bewusstsein zu holen.

Vielleicht möchtest du deine Augen schließen, um dich ganz deiner inneren Größe und Weite hingeben zu können. So unterstützt du dich selbst dabei, deinen Fokus von außen nach innen zu richten und dich für eine neue Art der Sinneswahrnehmung zu öffnen. In dem Moment, in dem du deine Augen schließt, werden automatisch deine inneren Sinne geschärft. Wenn du dich im nächsten Schritt noch weiter in dich hineinbegibst, dann wird es deiner Intuition leichter fallen, zu dir durchzudringen.

Präsenz

Aus der inneren Stille entsteht automatisch der nächste Schritt hin zum Intuitionskontakt: Präsenz. Präsenz bedeutet, ganz da zu sein, und das ist in meinen Augen der wahre Erfolg im Leben. Ganz besonders aber der Schlüssel hin zum erfolgreichen Intuitionskontakt. Nur wenn wir ganz da sind, dann können wir wahrnehmen, was gerade ist, was sich in uns selbst tut und in weiterer Folge auch, was innerlich bei den Menschen um uns herum geschieht. Wenn du präsent bist, dann bist du mit deinem Verstand und deiner Aufmerksamkeit dort, wo dein Körper gerade ist. Du verfolgst innerlich das, was dein Körper äußerlich gerade tut. Wenn deine Hände Zwiebeln schneiden, dann soll auch dein Verstand Zwiebeln schneiden. Wenn dein Körper in einem Meeting sitzt, dann sollst du auch mit deinen Gedanken beim Meeting sein. Das erwähnte Monotasking ist hier essenziell, um deine innere Stimme wahrzunehmen.

Mit vermehrter Präsenz in unserem Leben verlieren wir unsere Multitaskingfähigkeit. Was gut ist, wenn es ums Wahrnehmen der Intuition geht. Weil sie so leichter den Zugang zu uns findet. Weil wir so eher gewillt sind, die feinen Botschaften der Beraterin zu hören, und besser wahrzunehmen lernen, was gut für uns ist. Präsenz und innere Stille gehen

Hand in Hand. Je präsenter du wirst, umso mehr praktizierst du automatisch Ruhe in dir. Und je öfter du in die Stille gehst, umso präsenter und wahrnehmungsfähiger wirst du. *Die Intuition ist ein Kind der Gegenwart.* Deine wahren Gefühle kannst du nur im gegenwärtigen Moment wahrnehmen. Wenn du sie nicht präsent erkennst, dann geschieht das, wovon schon des Öfteren die Rede war: Sie schleichen sich in dein Unterbewusstsein, werden zu Emotionen und reagieren sich über dein Ego bei dir ab.

In diesem Kontext plädiere ich auch dafür, deine emotionalen Schmerzen in voller Präsenz wahrzunehmen. Einen Schmerz dann zu fühlen, wenn er verursacht wird und sich bemerkbar macht, ist etwas Gutes. Besser ein jetzt erlebter Schmerz als ein verdrängter, der sich mit anderen unterdrückten Emotionen zusammentut, Verstärkung holt und dich später geballt fertigmacht. Denn ein im gegenwärtigen Moment und in Präsenz gefühlter Schmerz kann sofort verarztet werden und braucht sich nicht als chronisches Leiden zu manifestieren.

Oftmals, wenn Unternehmen Consultingfirmen engagieren, geht es genau darum: chronische Krankheiten in Firmen aufzudecken und zu heilen. Das ist meist ein unangenehmer und tatsächlich einschneidend schmerzvoller Prozess. Wie viel befreiender ist es, das, was gerade in dir und in deinem Unternehmen passiert, in jedem Moment erkennen zu können und sofort adäquat darauf zu reagieren.

Nur im gegenwärtigen Moment bist du fühlfähig. Nur jetzt bist du zu Handlungen in der Lage. Wenn du etwas auf morgen verschiebst, dann ist morgen eine neue Gegenwart da. Sei präsent: Nur in der Gegenwart teilt sich dir deine Intuition mit!

Um über Präsenz Kontakt zu deiner Intuition aufnehmen zu können, gibt es den ultimativen Tipp: Atme. Klingt banal? Ist es auch! Und doch wieder nicht. Konzentriere dich ganz auf deinen Atem. Beobachte ihn, wie er ein- und ausströmt. Der Atem kommt, der Atem geht. Den Bewegungen deines Atems im Körper zu folgen, hilft, dich in einen stärker verbundenen Zustand des Energieflusses zu versetzen. So erreichst du ein höheres Bewusstseinslevel.

Dein Atem ist das nützlichste Hilfsmittel im Intuitionskontakt. Es braucht keine spezielle Atemtechnik. Wenn du es jedoch liebst, auf eine bestimmte Art zu atmen und sie dir bei deiner inneren Balance hilft, dann mach das gern. Ansonsten genügt dein gewohnter Atemrhythmus. Dadurch, dass du dich auf deinen Atem konzentrierst, wird dein Atem automatisch langsamer werden und du ruhiger. Dein Atem, deine Präsenz unterstützen hier also die innere Stille. Ein entspannter Körper und ein präsenter Fokus sind die zwei Kernelemente, um in weiterer Folge Impulse deiner Intuition zu empfangen. Also: Finde deinen Entspannungsatem. Das ist der Atem, der ganz natürlich in dich ein- und wieder ausströmt. Nimm dir die Zeit, die du brauchst, um gedanklich loszulassen, dich auf deinen Atem zu fokussieren und still zu werden.

Klarheit

Nun geschieht der Wechsel von außen nach innen noch stärker. Du bemerkst vielleicht, dass jeder Schritt die Absicht hat, dich noch mehr in dich hineinzuführen, und dich bei dir ankommen lässt. Aus dieser starken Anbindung nach innen wirst du im nächsten Schritt bereit sein, Informationen zu empfangen. Doch damit deine Intuition Antworten liefern kann, benötigt sie zuerst Fragen. Je klarer du mit deiner Intuition kommunizierst, desto klarer wird sie dir antworten. »Wer fragt, führt«, sagt ein Sprichwort und nirgendwo ist das zutreffender, als wenn es um die Führung deines Lebens geht. Was willst du wissen?

Für mich hat Klarheit enorm viel mit Würde und Selbstrespekt zu tun. Ich bin es mir wert, mich zu sortieren und eine klare Frage zu formulieren. Ich werde verbindlich mit mir und lege mich – nur für das Formulieren einer Frage – fest. Natürlich kannst du auch schon im Vorfeld, bevor du in den Intuitionskontakt gehst, deine Fragen exakt definieren. Oft ist es sogar erleichternd, deinen Fragenkatalog griffbereit in petto zu haben, um dich dadurch noch leichter entspannen zu können. Um bestmögliche Antworten deiner Intuition zu erhalten, achte beim Definieren deiner Fragen auf Folgendes:

Formuliere Fragen in der Gegenwart!

Deine Intuition wird dich immer wissen lassen können, was jetzt, in diesem Moment, das Beste für dich ist. Und das ist gut so! Mit den Entscheidungen, die du heute triffst, und den Handlungen, die du heute unternimmst, gestaltest du deine Zukunft. Wenn du dich mit dem Gedanken trägst, nach Finnland auszuwandern, dann stelle keine Frage à la: »Werde ich nächstes Jahr in Finnland leben?« Denn die Antwort auf eine solche Frage würde dir jede Entscheidungsfreiheit absprechen. Darüber hinaus kann deine Intuition eine derart zukunftsgestaltete Frage gar nicht beantworten, da immer noch du (oder in deiner Abwesenheit dein Ego) im Chefinnensessel sitzt. Deine Zukunft ist nicht in Stein gemeißelt. Du entscheidest darüber, wie sie sich gestaltet und was du tust. Formuliere die Frage stattdessen besser so: »Soll ich nach Finnland auswandern?« Oder präzisiere die Absicht deiner Frage entsprechend: »Bringt es meine Karriere voran, wenn ich nach Finnland ziehe?«

Formuliere einfache Fragen, die du dir merken kannst!

Manches Mal habe ich es schon erlebt, dass die Fragen meiner Coachees derartig verschachtelt und kompliziert waren, dass wir beide den Beginn der Frage längst vergessen hatten, nachdem wir am Ende angelangt waren. So viel wollte mein Gegenüber an Wenn-dann-Bedingungen verknüpft haben. Besser: Formuliere mehrere Fragen einzeln nacheinander. So wirst du die einzelnen Aspekte der Antwort besser wahrnehmen können. Zum Beispiel: »Was soll ich am besten mit meiner Wohnung machen, während ich in Finnland bin?« Dann weiter: »Soll ich die Vermietung der Wohnung privat organisieren oder über eine Agentur?« Und wieder tiefer: »Wie hoch soll die monatliche Miete sein?« Du wirst bemerken, dass eine Frage oft zur nächsten führt und du durch die Antworten deiner Intuition wertvolle Impulse für neue Fragen erhältst.

Stelle nur Fragen zu Personen, mit denen du eine Schnittmenge hast oder planst!

Ein Beispiel für eine ungeeignete Frage: »Ist mein ehemaliger Mitarbeiter im neuen Job glücklich?« Eure Zeit bzw. eure Schnittmenge ist vorbei. So eine Frage ist eine Verletzung der Privatsphäre anderer Menschen. Lass es bleiben! Die Intuition wahrt die Integrität eines jeden einzelnen Menschen und du würdest zu solchen Fragen keine sauberen Antworten erhalten. Gewöhn dir solche Art von Fragen gar nicht erst an! Derlei Fragen formuliert ein ängstliches oder verletztes Ego, aber keine würdevolle, integre Führungskraft. Stattdessen kannst du fragen: »Was brauche ich, um mit der Kündigung meines Mitarbeiters Frieden zu schließen?«

Sehr wohl kannst du abfragen, ob bestimmte Menschen gut für dich sind. Zum Beispiel: »Ist Sabine eine passende Webdesignerin für mich?« Oder im allgemeineren Kontext: »Wie ziehe ich engagierte Teammitglieder für meine Firma an?«

Stelle keine vergleichenden oder manipulativen Fragen, die auf die Abwertung anderer abzielen!

Vielleicht bist du versucht, eine solche oder ähnliche Frage zu stellen: »Bin ich die bessere Vorgesetzte oder meine ehemalige Studienkollegin?« Oder auch: »Ist mein Onlineangebot besser als das meines Marktbegleiters?« Die wahre Absicht hinter solchen Fragen ist es, dich sicherer zu fühlen. Echte Sicherheit gewinnst du jedoch niemals dadurch, dass du andere abwertest. Finde stattdessen heraus, was dich stärkt – unabhängig von anderen: »Was brauche ich, um meiner Kompetenz zu vertrauen?«

Arbeite sauber!

Wenn du versuchst, im Dreck zu wühlen, dann hast am Ende nur du die schmutzigen Pfoten. Nutze die Kraft der Intuition, um deine alten Verletzungen zu heilen und dir nicht mit destruktiven und herabwürdigenden Fragen neue hinzuzufügen. Deine Intuition kann das größte Geschenk für dich bereithalten: Vertrauen, Selbstliebe, Akzeptanz, Frieden, Ruhe, Sicherheit – was immer es ist, das du dir wünschst. Fokussiere dich mit deinen Fragen ehrlich und liebevoll auf dich. Deine Intuition kennt nicht die wahre Absicht deiner Fragen. Also formuliere präzise.

Was willst du wissen? Ich verlange von meinen Klienten in den Readings, dass sie eine erste Frage stellen. Nur so behalten sie die Verantwortung. Ein Termin mit deiner Intuition ist ein Meeting, auf das es sich vorzubereiten gilt. Du gibst die Schlüssel nicht an der Haustür ab, legst dich bequem hin und lässt dich einmal durchmassieren. Dafür sind Wellnessinstitute da. Deine Intuition will mit dir arbeiten. Sie will sich dir mitteilen. Sie braucht deine Führung.

Ein Beispiel aus meiner Praxis: Die Klientin formuliert die Frage »Wie stehe ich beruflich gerade da?« Die Antwort der Intuition: »Gut.« Tatsächlich will die Klientin aber wissen, was sie tun kann, um mehr Kundinnen und Kunden zu bekommen, wie sie das Verhältnis zu ihren Mitarbeitenden verbessern kann und wie sie ihr Angebot erweitern soll. Deine Intuition ist hilfreich und nützlich. Nutze sie dementsprechend.

Was willst du wissen? Gewöhn dir im Kontakt mit deiner Intuition an, klare Fragen zu formulieren. Habe den Mut, bei der Fragestellung genau zu sein. Du wirst so viel mehr Freude beim Kontakt mit deiner inneren Stimme haben.

Die Intuition antwortet exakt auf die gestellte Frage.

Mit einer guten Besprechungsvorbereitung holst du das Beste aus dem Teammeeting für dich heraus. Nutze deinen Verstand für eine präzise Frage. Deine innere Stimme antwortet auf deine Frage und nicht auf die Absicht, die sich womöglich hinter deiner Frage verbirgt. Beim Supernetz verhält es sich ähnlich wie bei Google: Je klarer du dein Thema formulierst, umso bessere Ergebnisse wird dein Supercomputer ausspucken.

Offenheit

Du bist also innerlich still und mit geschlossenen Augen in einem bestenfalls äußerlich ruhigen Raum. Du atmest entspannt ein und aus. Ein und aus. Du bist vollkommen im Moment und in deiner Präsenz. Deine Frage(n) hast du griffbereit im Kopf oder auf einem Blatt Papier neben dir. Nun geht es los!

Du stellst deine Frage neugierig und offen in den gedankenleeren Raum deines Supernetzes, in dein Inneres hinein. Bleib ruhig und gib dich hin. Geh in den Empfangsmodus. Dein Verstand und dein Ego brauchen gerade nichts zu leisten, nichts zu tun. Du darfst dich wirklich entspannen, während du gleichzeitig absolut präsent in dir bist. Die Antwort deiner Intuition kommt unmittelbar. Sie ist sofort da. Schließlich muss deine Intuition nicht überlegen. Deine Intuition, das ist das ewige Wissen in dir. Die Information kann also nicht verloren gehen, wenn du bei deinem ersten Intuitionskontakt womöglich noch etwas aufgeregt bist. Benenne ganz entspannt, was dir als Erstes in den Sinn kommt. Benenne das Wort, das Bild, den Geistesblitz, die Körperreaktion genau so, wie du alles wahrnimmst. Es ist kein stundenlanges Herummeditieren nötig. Geh mit dem, was sich zeigt. Vielleicht möchtest du den Impuls laut aussprechen, um ihn für dich wahrhaftiger zu machen, egal wie offensichtlich, banal oder logisch es deinem Ego erscheinen könnte. Nimm das, was dir als Erstes in den Sinn kommt, und wisse gleichzeitig: In diesem Zustand des echten Intuitionskontakts bist du egofrei. Also hab keine Angst, das Offensichtliche auszusprechen. Lass alle falschen Erwartungen los, wie sich deine Intuition mitzuteilen hat. Lass los von Vorstellungen, dass hier großartige Ergüsse auftauchen. Eine einfache Antwort kann richtig sein, eine unerwartete ebenso. Du brauchst nicht zu denken, nicht zu bewerten. Hier mit deiner Intuition bist du in einem sicheren und geschützten Rahmen. Jede Intuition kommuniziert anders. Doch die meisten von ihnen haben gemeinsam, dass sie die Informationen Schritt für Schritt kleinteilig splitten. Das heißt, einmal wird ein Wortfetzen oder eine Phrase, ein Satzfragment, in dein Bewusstsein eindringen, einmal wird sich ein Bild formieren. Gib dir die Zeit, das vor deinem inneren Auge auftauchen zu lassen, was sich dir zeigen möchte. Nur weil deine Intuition schnell ist, bedeutet das nicht automatisch, dass du dich hetzen sollst. Sie ist schnell und gibt dir die Zeit, die du brauchst, um das, was in dein Bewusstsein dringt, verstandesmäßig erfassen zu können. Fühl, welche Reaktion dein Körper auf die gestellte Frage liefert. Vielleicht hast du Herzklopfen, vielleicht fangen deine Hände an zu kribbeln, vielleicht werden deine Füße ganz warm. Erinner dich: Deine Intuition kommuniziert mit dir über einen oder mehrere innere Sinne wie Hören, Sehen, Fühlen. Sie verwendet bevorzugt den Sinn, der für dich am leichtesten wahrnehmbar ist in jedem Moment. Atme weiter, während du den ersten Impuls deiner Intuition noch klarer und deutlicher erkennst. Es gibt kein Richtig, kein Falsch. Es gibt dich und deine Intuition. Vertrau dich deinem Inneren an, fühl dich geborgen und wie zu Hause. Entspanne dich wirklich. Wisse, dass deine Intuition blitzschnell ist und du alle Zeit der Welt hast, um sie zu verstehen und für dich zu übersetzen.

Um garantiert Informationen deiner Intuition zu erhalten, empfehle ich dir Folgendes: Nimm, während du die Frage formulierst, eine neugierige und interessierte innere Haltung ein. Wie die eines Kindes, das zum ersten Mal eine Erfahrung macht. Bewahre dir diese Offenheit und Vorurteilsfreiheit in jedem einzelnen Intuitionskontakt, bei jeder einzelnen Frage. Ein Kleinkind hat seinen Verstand und damit sein Ego noch nicht ausgeprägt. Daher fühlt es sich sicher und geborgen, wenn es erste Erlebnisse macht. Nimm diese innere Einstellung an, wenn du deine Intuition befragst.

Nachdem du den Impuls deiner Intuition empfangen hast, startet üblicherweise dein Kopfkino. Hier kann es zu einer Mischung aus Erleichterung, Freude, Unglauben oder Zweifel kommen. Vielleicht lächelst du unkontrolliert und ungläubig vor dich hin. Oder vielleicht wird ein Teil in dir sofort hart, der dieses seltsame Bild nicht akzeptieren will, weil er es nicht auf Anhieb versteht. Oder aber du zweifelst den Impuls an, weil er nicht neu ist, sondern du es dir schon seit Jahren insgeheim denkst. In dem Wissen, dass sich dein Verstand mit ziemlicher Sicherheit meldet, nachdem deine

Intuition gesprochen hat, kannst du auch diese Erstreaktion in dir erkennen und annehmen, ohne dass du emotional einsteigen musst.

> *Der erste Impuls kommt von der Intuition, danach folgt das Kopfkino.*

Da es beim Intuitionskontakt darum geht, klare und vom Verstand nicht interpretierte Informationen zu erhalten, nutze deine Intuition weiter, um tiefer zu gehen. Lass also das Denken bitte wieder bleiben. Du hast ein erstes Bild, ein erstes Wort oder ein erstes Gefühl in dir. Nun hake bei deiner Intuition nach: Was ist mit dieser Botschaft gemeint? Was bedeutet sie? Worum geht es dabei? Gewöhn dir an, stets nach der Bedeutung der ersten Intuitionsinformation zu fragen, um nicht ins Gedankenkarussell einzusteigen, sondern wirklich die ganze Qualität deiner Intuition zu erleben. Das Nachfragen ermöglicht es dir jetzt, Verstand und Intuition in Einklang zu bringen und die inneren Bilder, die Worte oder die Körperreaktionen so zu übersetzen, dass sie auch für deinen Verstand verständlich werden.

Den Kontakt zu deiner Intuition herzustellen, geht viel leichter, als du denkst! Vielleicht klappt es bei dir auf Anhieb. Vielleicht brauchst du aber auch ein paar Anläufe, weil du ganz allein zu Hause mit diesem Buch übst. Wenn du niemanden hast, der dich ermutigt, dann ermutige dich bitte selbst! Sobald du den Dreh erst raushast, wirst du dich fragen, wie du den Zugang jemals als schwer empfinden konntest. Doch bis dahin bleib liebevoll und geduldig mit dir. Vielleicht bist du es nicht gewohnt, dass es leicht geht, und akzeptierst deshalb den ersten Gedanken nicht. Wir neigen gern dazu, den ersten Impuls abzutun, weil wir einfache Lösungen ungern annehmen. Am wahrscheinlichsten ist es, dass es zu leicht geht und du es deshalb anzweifelst. Doch auch wenn scheinbar noch kein Impuls kommt und der Intuitionskontakt aus Sicht deines Egos nicht auf Anhieb klappt, dann passiert auf einer tiefen Ebene dennoch etwas: Du wagst etwas Neues. Du tauchst. Und während du auf Tauchgang gehst, verändert sich dein System. Deine Atmung verlangsamt sich, die Bewegungen unter Wasser werden bedächtiger, du passt dich den neuen Bedingungen an. Auch wenn du scheinbar noch keine Informationen erhalten hast, bist du auf dem besten Weg dazu. Es ist dein erster Tauchgang, dein erster Intuitionskontakt. Lass dich nicht davon entmutigen, wenn du es nicht bis ganz nach unten schaffst. Vielleicht waren die Bedingungen nicht ideal. Vielleicht wolltest du zu viel auf einmal und hast dich unter Druck gesetzt. Vielleicht hattest du nur ein kleines Zeitfenster und konntest deshalb nicht zur Ruhe kommen. Vielleicht bist du gleich mit der größten all deiner Fragen in den Intuitionskontakt gestartet. Wenn es nicht klappt, dann bleib ruhig, atme tief weiter. Schenk dir ein aufmunterndes Lächeln und stelle die Frage erneut. Lass Perfektionismus, Leistungsdruck und jegliche Erwartungshaltung los. Es gibt nichts zu tun. Du bist nicht unfähig, wenn es nicht gleich klappt. Wenn da nicht gleich ein inneres Feuerwerk gezündet wird, dann such das kleine Glimmen am Boden. Und wenn es immer noch nicht wie gewünscht funktioniert, dann lass für den Moment davon los und wage einen neuen Versuch zu einem späteren Zeitpunkt und vielleicht an einem anderen Ort.

An dieser Stelle will ich dir von meinem ersten Intuitionskontakt für jemand anderen erzählen. Ich war auserkoren, die Intuition von Silke hörbar zu machen. Silkes Frage lautete: »Was ist mein nächster Schritt hin zu mehr persönlichem Wachstum?« Voller Aufregung und gleichzeitig leer, still, entspannt richtete ich die Frage an die Intuition. Sofort tauchte die Farbe Blau auf. Es war ein Bild wie blaue Nebelschwaden. Ich ließ Silke wissen, was ich sah. Natürlich konnten weder sie noch ich etwas mit der Information anfangen. Also hakte ich nach: »Was bedeuten diese blauen Nebelschwaden?« Mit jeder Nachfrage öffnete sich das Bild mehr und ich begann, meine Gefühle, die ich beim Sehen des Bildes empfand, zum Ausdruck zu bringen. Alles fühlte sich leicht, weit wehend an. So gab ich genau das an Silke weiter. Noch tiefer befragte ich die Intuition. Und da, endlich: Es ging um ein sanftes Bewegen im Wind. Tanzen. Doch wie konnte das die Antwort auf Silkes Frage sein? Auch das klärte ich, indem ich exakt diese Frage formulierte: »Wie hilft Tanzen Silke dabei, persönlich zu wachsen?« Die Antwort war berührend: Durch die Bewegung würde Silke ein besseres Körpergefühl bekommen, ihre feminine Seite zum Vorschein bringen und so ihre Weichheit und Sensibilität entdecken. Silkes Sensibilität war ihr nächster Wachstumsschritt. Ganz schön clever, diese Intuition. Und in der Umsetzung so leicht. Denn im Anschluss an dieses Reading drehten wir die Stereoanlage laut auf und wackelten fünf Minuten lang voller Freude mit unseren Popos.

Gerade gestern war ich im Intuitionskontakt und wollte von meiner Intuition wissen, was denn mein nächster Schritt in meiner Entfaltung sei. Ich hatte mit allem gerechnet: Von einem neuen Kurskonzept für mein Business bis hin zur Aufforderung, ein Seminar zu besuchen. Doch auf meine Intuition ist Verlass: Sie überraschte mich mit genau dem, was jetzt das Richtige für mich ist. Mein nächster Schritt sei ein Hochbeet. Ich solle mir ein Hochbeet anlegen, so meinte meine Intuition, damit ich mehr Verbindung zur Natur, zum Zyklus des Lebens und dadurch zu mir selbst bekommen würde. Und was würde mich mehr mit meiner eigenen Natur verbinden als die Verbindung mit dem Rhythmus der Natur, der sich beim Säen, Wachsen lassen und beim Ernten von Gemüse einstellt? Solltest du also jemals bei mir vorbeikommen, so wirst du ein Hochbeet in unserem Garten finden. Ich plane, Karotten, Zucchini und Kürbisse anzupflanzen. Hätte ich wissen wollen, was mein nächster Schritt in meiner beruflichen Entfaltung sein sollte, dann hätte ich auch genau danach fragen können.

Oftmals glauben wir aus dem Verstand heraus zu wissen, was das Beste für uns ist. Wir denken: »Wenn nur dieser potenzielle Kunde einen Auftrag erteilt, dann läuft mein Geschäft. Wenn die Regierung die Rahmenbedingungen verändert, dann wird es mir ermöglicht, meinen Traum zu verwirklichen. Wenn ich endlich meine Website perfekt erstellt habe, dann werde ich mich der Welt präsentieren.« All diese Wenn-dann-Bedingungen führen dazu, dass wir mit unserem Fokus in einer ganz bestimmten Variante der Zukunft leben. Dass wir uns abhängig machen von äußeren Umständen. Und leider auch, dass wir uns die Möglichkeit verwehren, herauszufinden, was wirklich passend für uns ist. Vielleicht kannst du ein erfüllendes Unternehmertum leben, ohne dass exakt dieser potente Kunde anbeißt. Vielleicht kannst du deinen Traum trotz geltender Bestimmungen verwirklichen. Vielleicht braucht es gar keine neue Webpräsenz, damit du dich mehr zeigen kannst. Wahrscheinlicher ist sogar, dass es ganz anders und viel leichter geht, als du es dir ausmalst. Diese ganzen Vorstellungen davon, wann dein Leben glücklich ist und deine Firma funktioniert, versperren dir in den meisten Fällen das Erkennen von dem, was gerade wirklich für dich dran ist und deine Intuition jetzt empfiehlt.

Akzeptiere, dass deine Intuition unkonventionelle Wege geht. Erkenne an, dass deine Intuition am besten weiß, was wirklich erfüllend für dich ist. Und dann schiebe für den einen Moment, in dem du mit deiner Intuition in Kontakt stehst, deine Vorstellungen beiseite, damit du deine Intuition vollumfänglich wahrnehmen kannst.

Mach dich innerlich leer, soweit es geht. Fahr die Gedanken bewusst herunter. Stelle dein Ego beiseite. Arbeite mit deiner kraftvollen Absicht, welche die Firewall freizugeben vermag, damit du die Informationen aus dem Supernetz abrufen kannst und sie ganz leicht zu deinem Bewusstsein Zugang finden. Sag innerlich: »Ich öffne mich jetzt für die Information meiner Intuition, die jetzt am allerbesten für mich ist.« Geh nur dann in den Intuitionskontakt, wenn du wirklich daran interessiert bist, die Antworten deiner Intuition zu hören und aufzunehmen. Oder anders gesagt:

> » *Wenn du die Antwort deiner Intuition nicht hören willst, dann frag erst gar nicht.* «

Wenn du so klar bist und weißt, wie du vorgehen möchtest, dann spar dir die Mühe, deine Intuition zu befragen. Wenn du aber das für dich beste Ergebnis erhalten willst, dann bleib offen.

Es kann sein, dass dir die Antwort der Intuition nicht gefällt. Weil du schon ein bestimmtes Bild im Kopf hast, wie die Antworten lauten und wie die nächsten Schritte in deinem Leben ablaufen sollen. Indem du bestimmte Antworten deiner Intuition erwartest, versuchst du womöglich, dein Leben deinem bewahrenden Ego entsprechend zu kontrollieren. Wenn du versuchst, dein Leben zu kontrollieren, dann wird es eng in dir. Du verhärtest und kannst das Klare und Weiche deiner Intuition nicht greifen, weil du lieber dein altbekanntes Gefühl von Hilflosigkeit und Schuldzuweisung bestätigt haben möchtest. Weil du glauben willst, dass jemand anderes für dein Dilemma verantwortlich ist und es zu lösen hat.

Du musst die Antwort nicht mögen. Deine Intuition, als echte liebevolle Beraterin, wird sie dir trotzdem mitteilen. Weil sie nützlich ist. Deine Intuition redet dir nicht nach dem Mund, wie es das Ego vielleicht tun würde. Deine Intuition behandelt dich so groß, wie du bist. Deine Intuition unterstützt dich dabei, deine Macht wieder positiv zu nutzen. Sie bringt dich in deine Selbstverantwortung und Handlungsfähigkeit zurück. Macht ist etwas Großartiges: Macht ist die Fähigkeit und die innere Erlaubnis, Entscheidungen zu treffen, zu handeln und Glaubenssätze neu zu programmieren. Diese Macht hast du. Mithilfe der Intuition und deiner offenen Vorurteilsfreiheit holst du sie wieder zu dir zurück.

Selbstverantwortung

Während du im Intuitionskontakt bist (aber auch danach), bist du aufgefordert, selbstverantwortlich zu agieren. Selbstverantwortlich während des Intuitionskontakts zu sein bedeutet, dass du ruhig bleibst, selbst wenn nicht sofort eine Information auftauchen will. Oft kann es sein, dass dein Verstand einen Moment braucht, bis er realisiert, dass die Information schon da ist. Gib dir die Zeit, damit die Impulse deiner Intuition bei dir auf der bewussten Ebene ankommen können. Der Verstand darf hier unbedingt ins Boot geholt werden. Schließlich setzt er die Infos der Intuition auf dein Geheiß, auf Anordnung der Leitung, auch um.

Manchmal kann es sein, dass eine Emotion dir auf dem Weg hin zur Intuition in die Quere kommt. Nutze den Atem, um über diese Schwelle hinwegzukommen. Wenn du merkst, dass dein Ego dir Widerstände in den Weg wirft, dann braucht es dich in deiner Größe. Du darfst Ansagen machen und das Ego in sein kleines Kämmerchen verbannen. Der Atem unterstützt dich dabei. Konzentriere dich auf ihn. Beobachte ihn. Sorge wieder für Entspannung in dir. Atme die Widerstände und Zweifel weg. Wenn du dann wieder still, leer, bereit, offen und vorurteilsfrei neugierig bist, stelle die Frage erneut.

Dir wird es leichtfallen, die Rahmenbedingungen und den Raum zu schaffen, in dem deine Intuition sich dir schnell und klar mitteilen kann, wenn du deine Führungsrolle als Chefin oder Chef übernimmst. Je mehr Freude du daran hast, dein Leben positiv zu gestalten und dein Unternehmen dafür zu nutzen, dass diese guten Veränderungen in allen Bereichen wirksam werden, umso spielerischer und entspannter wird der Kontakt zur Intuition. Anfangs magst du noch etwas Angst haben vor den Informationen, die hier kommen können. Weil sie unter Umständen Teile deines Weltbilds auf den Kopf stellen können, weil du aufgefordert werden wirst, Vorstellungen von dir und anderen über Bord zu werfen. Und weil das anfangs manchmal unbequem ist. Das ist ok. Geh den Weg in deinem Tempo.

Und sei dir bitte auch bewusst, dass Selbstverantwortung noch viel mehr bedeutet: Du allein entscheidest, was du mit den Informationen deiner Intuition machst. Ob du die Ratschläge aus deinem Inneren beherzigst. Ob du den Empfehlungen folgen willst – oder nicht. Deine Intuition holt dich immer wieder dort ab, wo du stehst. Ganz egal, wo du dich befindest und wie lange du schon dort stehst. Deine Intuition wird nicht müde, dir die immer gleichen Dinge zu sagen. Solange, bis du verstehst. Bis du anerkennst, dass es hier nicht weniger als um dein Bestes und dein höchstes Wohl geht. Dann bist du bereit für den nächsten Schritt. Manchmal mag es sich frustrierend anfühlen, von der Intuition immer dieselben Informationen zu erhalten. Und auch für dieses Dilemma kannst du mit deiner Intuition arbeiten. Frag sie mutig und beherzt: Was brauche ich, damit ich die Informationen annehmen kann? Dann wird dir deine Intuition auch hier erklären, worum es geht und wie du einen Weg aus deinem persönlichen Irrgarten findest. Auf jeden Fall kannst du versichert sein, dass deine Intuition niemals mit erhobenem Zeigefinger kommen und dich verurteilen wird.

PRAKTISCHE ANWENDUNG DEINER MAGISCHEN INTUITION

Lass uns nun ganz konkret und praktisch werden und in die direkte Umsetzung gehen. Du kennst mittlerweile die fünf Prämissen, die es braucht, damit der Intuitionskontakt gelingt: innere Stille, Präsenz, Klarheit, Offenheit, Selbstverantwortung. Um tief einzutauchen und relevante Informationen deiner Intuition zu erhalten, hast du diverse Möglichkeiten. Alle werden dich magische Momente mit deiner Intuition erleben lassen.

Lesen der Intuition

Die tiefste und profundeste Art, dich mit deiner inneren Weisheit zu verbinden, ist definitiv das Lesen der Intuition. Beim Lesen der Intuition gehst du, wie im vorangegangenen Kapitel beschrieben, in den Intuitionskontakt und holst direkt aus der Tiefe konkrete und praktische Informationen deiner Intuition. In diesem Kapitel erhältst du nun deine Schritt-für-Schritt-Anleitung, wenn es um das Lesen der Intuition für dich geht. Ohne profunde Ausbildung würde ich dir raten, auf keinen Fall dieselbe Technik für fremde Menschen wie für Freunde oder Klientinnen anzuwenden, geschweige denn das Lesen der Intuition anderen anzubieten. Hier braucht es noch einmal etwas andere Kenntnisse und ein gründliches Beherrschen der Technik. Doch nun lass uns loslegen mit den Schritten, die du nacheinander gehst, um für dich selbst lesen zu können.

Vorbereitung

Deine optimale Vorbereitung besteht darin, dass du dir Raum schaffst. Sowohl zeitlich als auch ganz praktisch räumlich. Das A und O beim Lesen der Intuition ist, dass es dir gut geht. Selbstfürsorge ist das oberste Gebot. Je entspannter du innerlich und äußerlich bist, desto leichter fließen die Informationen der Intuition. Bevor du in den Intuitionskontakt gehst, notiere am besten schriftlich die Frage(n), die du klären möchtest. Solltest du dich unsicher fühlen, beginn zunächst mit einfacheren Fragen, bevor du dich nach den ersten Erfolgserlebnissen den komplexeren Themen zuwendest. Vielleicht passt die Frage für dich: Was ist meine Wohlfühlstärke? Oder: Was ist mein nächster Schritt in der Selbstfindung? Oder auch: Was wünsche ich mir wirklich in meinem Leben? Du kannst den Aufnahmemodus am Handy aktivieren, damit du beim Lesen der Intuition einfach drauflosplappern kannst und gleichzeitig die Gewissheit hast, dass deine Antworten festgehalten werden.

Innere Stille

Mach es dir also gerade zu Beginn leicht und sorge für ausreichend Zeit und eine entspannte und ungestörte Atmosphäre. Setz dich bequem hin, achte auf eine gerade ausgerichtete, senkrechte Wirbelsäule. Idealerweise finden deine Füße einen guten und satten Kontakt am Boden. Schau, dass die Fußsohlen den Boden berühren. Lege alles Störende und Einengende wie Brille, Schmuck oder Halstücher ab. Öffne enge Gürtelschnallen und Hosenknöpfe.

Je nach persönlichem Glaubenssystem und deiner bevorzugten Arbeitsweise kannst du dein inneres bzw. geistiges Team um Unterstützung bitten. Du kannst die Absicht setzen, dich mit einer größeren Kraft zu verbinden, und dich von ihr führen oder leiten lassen, damit alles zu deinem Besten geschieht. Tu dies auf deine bevorzugte Art, laut oder leise.

Präsenz

Der Atem ist deine stärkste Stütze, wenn es um die Verbindung nach innen geht. Lass den Atem in dich einströmen und folge ihm mit deiner Aufmerksamkeit in deinen Körper hinein. Beobachte, wie dein Atem in deinem Körper Bewegung verursacht, die du nicht bewusst vollziehst: Deine Brust hebt und senkt sich oder auch dein Bauch. Durch diese Beobachtung wird dein Atem wahrscheinlich langsamer und tiefer fließen. Finde deinen Entspannungsatem: Das ist der Atem, der ganz natürlich in dich ein- und wieder ausströmt. Konzentriere dich einige Atemzüge lang auf das Heben und Senken in deinem Brust- bzw. Bauchbereich.

Vielleicht möchtest du deinen Atem bis in deine Fußsohlen hineinschicken, um dir eine gute Bodenhaftung zu bewahren. Vielleicht willst du aber auch einfach so den Kontakt zum Boden spüren. Oder du stellst dir vor, wie Wurzeln aus dir in die Erde hineinwachsen und dir so guten Halt geben.

Wichtig hierbei ist es, dass du dir ein bodenständiges Gefühl bewahrst. Beim Lesen der Intuition geht es darum, praktische, alltagstaugliche und lebensrelevante Informationen zu erhalten. Halte daher innerlich Kontakt zur Erde.

Klarheit

Dann sorge für Klarheit in dir. Setz bewusst die Absicht, dass du jetzt Platz nimmst auf deinem Thron, auf dem Boss-Bürostuhl. Verbann dein Ego, schick es in sein Kämmerchen, damit du für den Zeitraum des Lesens Ruhe vor ihm hast. Sei liebevoll, klar und konsequent. Dann lade bewusst deine Intuition ein. Du kannst diese Einladung verstärken, indem du dich innerlich deinem Herzen zuwendest und dir vorstellst, du würdest es öffnen. All seine Weisheit, seine Liebe kann nun in Form deiner Intuition zu dir strömen.

Offenheit

Eröffne nun den Intuitionskontakt, indem du deine Frage laut formulierst. Richte sie in den gedankenleeren Raum deines Herzens hinein, hin zu deiner Intuition. Sieh, höre, nimm wahr, fühle, spüre hinein – was zeigt sich dir als erster Impuls? Sprich diesen ersten Impuls laut aus. Beschreib deine innere Regung so, als würdest du jemand anderem davon erzählen. Nun frag nach: »Was bedeutet dieser erste Impuls? Was will mir meine Intuition damit sagen?« Richte deinen Fokus wieder nach innen aus: Wenn du deine inneren Bilder, das Wissen, die Körperreaktionen und Gefühle übersetzen könntest, was würden sie konkret und praktisch bedeuten? Sprich wieder alles laut aus – ganz so, als würdest du es einer dritten Person beschreiben.

Selbstverantwortung

Kannst du mit diesen Informationen deiner Intuition etwas anfangen? Wenn nein, frag bei deiner Intuition nach: »Warum ergeben diese Infos keinerlei Sinn für mich?« Frag exakt so, wie du die Antwort brauchst. Überprüf kurz mit dem Verstand: Hast du alles, was für diese Frage relevant ist, erhalten? Fehlt noch eine wichtige Information? Kläre gegebenenfalls auch sie. Du bist in der Verantwortung, die empfangenen Intuitionsinformationen im Wachbewusstsein weiter zu nutzen. Wenn du also noch einen Input für die Umsetzung brauchst, ganz egal ob auf sachlicher oder auf emotionaler Ebene, dann frag nach. Frag zum Beispiel sachlich nach, ob die Kontaktaufnahme mit der potenziellen Kundin besser via Mail oder via Telefon stattfinden soll. Frag zum Beispiel emotional nach, was du brauchst, um deine Scheu vor einem Anruf zu überwinden.

Abschluss

Wenn du all deine Fragen geklärt hast und innerlich rund bist, dann bedanke dich bei deiner Intuition und lehne dich satt und zufrieden zurück. Nimm noch einmal ganz bewusst deinen Atem wahr. Spür in dich hinein: Wie geht es dir jetzt? Was hat sich verändert? Auch jetzt ist Entspannung wichtig. Du darfst und sollst dich wohlfühlen mit dir und deiner inneren Weisheit. Nimm dir einen Moment Zeit, um von deiner inneren Welt wieder in die äußere Welt hinauszugleiten. Nun kann das Umsetzen mit deinem Verstand beginnen.

Damit du entspannt in den Intuitionskontakt kommst, findest du unter diesem Link eine von mir gesprochene Anleitung, um dich mit deiner Intuition zu verbinden: *https:// www.corinnamariapfitzer.com/frag-deine-intuition-geschenk*

Nutze diese Übung zum entspannten Mitmachen. So wird der Kontakt zu deiner Intuition ganz leicht gelingen!

Meine besten Tipps für deinen Umgang mit der Intuition

Nicht immer funktioniert die Intuition nach deinem Willen. Das geschieht meist dann, wenn du zu sehr ins Ego abgleitest, zu wenig mit dir verbunden oder zu abgelenkt bist. Aus diesem Grund kommen hier meine Lieblingstipps für den besten Umgang mit deiner Intuition:

Deine Intuition mag Randzeiten

Während des Tages regiert meist unser Verstand. Wir sind beschäftigt und eilen von einem Termin zum nächsten. Da bleibt kein Platz für die Intuition. Deine Intuition liebt den offenen und weiten Raum, die Abwesenheit von zeitlichen Engpässen und die Freiheit, die mit dem Flow der Entspannung einhergeht. Gute Tageszeiten für deine Intuition, um sich dir mitzuteilen, sind daher morgens und abends. Konkret: kurz nach dem Aufwachen und kurz vor dem Einschlafen. Während des Schlafes bist du offen und empfänglich. Bevor der Verstand morgens das Ruder komplett übernimmt bzw. nachdem sich dein bewusster Verstand abends gänzlich verabschiedet hat, gibt es eine Phase, die sich als Zwischenwelt beschreiben lässt. Du bist am Morgen schon bzw. am Abend noch so wach, dass du Fragen stellen kannst und gleichzeitig so wohlig entspannt, dass der Kanal zur Intuition frei ist. Nutze diese Zeiten besonders, um in den Intuitionskontakt zu gehen. Vielleicht möchtest du es aber auch mal mit einem Mittagsschlaf probieren und danach direkt in den Intuitionskontakt gehen oder dir deine persönlichen Tageszeiten und Umgebungen suchen, die dich in diesen offenen, wachen, entspannten Zustand bringen.

Dein Atem ist dein WLAN-Verstärker

Täglich fließt dein Atem wie selbstverständlich durch deine Lungen. »Da bleibt mir die Luft weg.« »Ich muss erst mal tief Luft holen.« »Mir stockt der Atem.« Das sind nur einige Redewendungen, wie unser Atem mit uns kommuniziert. Diese Art der Kommunikation kannst du dir zunutze machen, um deine innere Stimme besser wahrzunehmen.

» *Dein entspannter Atem ist dein WLAN-Verstärker ins Supernetz der Intuition.* «

Nutze den Atem als Anker für dich, um darüber tiefer in den Intuitionskontakt einzutauchen. Fokussiere dich im Intuitionskontakt regelmäßig zwischen den einzelnen Fragen auf den Atem. Nimm dir immer wieder Zeit, um dich mithilfe des Atems nach innen auszurichten. Vielleicht kannst du beobachten, wie sich deine Brust hebt und senkt. Eine kurze Atemsequenz stabilisiert dich zwischendurch wieder aufs Neue. Dein Atem ist der Gradmesser deiner Entspannung. Je entspannter du bist, umso deutlicher kann sich deine Intuition mitteilen.

Auch Widerstände und Unsicherheiten aus dem Ego lassen sich über den Atem ausloten. Wenn dein Atem stockt, dir die Luft wegbleibt, dann sind das Zeichen für Barrieren in deinem Inneren. Dein Ego meldet sich. Nimm dieses geänderte Verhalten deines Atems wahr und beginn erneut damit, liebevoll in dein Inneres hineinzuatmen. Dein Ego hat sich mitgeteilt, nun kannst du es wieder loslassen und über die Entspannung in deinem Atem wieder in den Kontakt mit deiner Intuition treten.

Sprich, bevor du denkst

Richtig gelesen: Beim Intuitionskontakt geht es darum, der Schnelligkeit deiner Intuition Raum zu geben und alles auszusprechen, bevor dein Ego dazwischenquatschen kann. Der erste Impuls kommt von deiner Intuition. Danach beginnt das Kopfkino. Wenn du dir angewöhnst, im Intuitionskontakt laut zu sprechen – und ja, das mag sich anfühlen wie ein seltsames Selbstgespräch –, dann werden dir die Informationen deutlicher bewusst. Außerdem haben die Impulse deiner Intuition durch das gesprochene Wort mehr Gewicht.

Gedankenimpulse lassen sich leichter zur Seite wischen als artikulierte Worte. Um es dir noch leichter zu machen, empfehle ich dir auch, die Fragen, die du von deiner Intuition beantwortet haben möchtest, laut zu formulieren. So setzt du ein bewusstes Zeichen nach innen hinein und unterstützt deine Öffnung. Worte laut ausgesprochen verknüpft mit der Erfahrung des emotionalen Erlebens während des Intuitionskontakts schaffen neuronale Verbindungen im Gehirn, die langlebiger, echter und freier für uns werden.

Keine Antwort ist auch eine Antwort

Manchmal kann es vorkommen, dass du trotz Stille, Präsenz und Offenheit keine Antwort erhältst. Keine Antwort ist in diesem Fall auch eine Antwort. Frag nach, was deine Intuition dir damit sagen will, dass sie dir keine Antwort schickt. Manchmal ist diese Stille ein leiser Trommelwirbel, weil gleich etwas Wichtiges für dich kommt und du dieser Information besondere Aufmerksamkeit widmen sollst. Oder deine Intuition nimmt vielleicht gerade Anlauf, damit sie mit dir gemeinsam eine Hürde überwinden kann, die dich noch von deinem Ziel abhält. Hake nach. Du kannst das Empfangen einer Antwort auch dadurch unterstützen, dass du dir innerlich sagst: »Ich bin bereit, die Antwort selbstverantwortlich zu empfangen.« So unterstützt du deine Öffnung und Empfangsbereitschaft.

Druck verhindert das Fließen

Manchmal kann es aber auch passieren, dass du keine Antwort erhältst, weil deine innere Anspannung so groß ist. Dein Ego hat Angst und erzeugt dadurch Druck. Unter

Druck kann sich deine Intuition nicht zeigen. Sie braucht Entspannung. Stell dir vor, du möchtest deine Sträucher im Garten bewässern und drehst dazu den Gartenschlauch auf. Das Wasser braucht einige Momente, bis es von der Wasserleitung über die ganze Länge des Gartenschlauchs vorn hinausspritzt. Wenn du jetzt ungeduldig wirst und das Fließen beschleunigen möchtest, indem du auf den Gartenschlauch drückst, dann verhinderst du damit das Fließen. Du drückst das Wasser buchstäblich ab. Erst wenn du loslässt, kann das Wasser in seinem Tempo strömen. In unserem Alltag verhalten wir uns oft genauso. Wir können ein Ereignis, eine Antwort der Intuition, kaum erwarten. Wir wünschen es uns so sehr, dass wir – wenn es nicht unmittelbar eintritt – ungeduldig nachhelfen wollen. Dies ist ein Zeichen mangelnden Vertrauens in uns selbst, das Leben – oder in diesem Fall in die Intuition. Dann ist es wichtig loszulassen. Stelle sicher, dass du die Schritte hin zur Intuition gut gegangen bist. Stelle sicher, dass du den Gartenschlauch angeschlossen hast und das Wasserventil an beiden Enden geöffnet hast. Und dann empfange das Wasser. Empfange die Impulse deiner Intuition. Sei versichert, dass du gehört wirst und dass auch die Antwort auf dem Weg ist. Und sollte sie sich dir tatsächlich einmal nicht sofort offenbaren, sollte das Wasser einmal nicht sofort fließen, dann wirst du deine Antworten über Umwege erhalten. Bleib offen. Denn vielleicht regnet es an diesem Tag und das Bewässern wäre überflüssig gewesen.

Vermeintlich falsche Antworten sind richtige Antworten

In äußerst seltenen Fällen liefert deine Intuition dir eine faktisch falsche Antwort. Sie tut dies dann, wenn du noch nicht bereit für die Wahrheit bist und dieser kleine Umweg über eine Fehlinformation dich schneller und leichter an dein bestes Ziel bringt. Lass mich dir ein Beispiel erzählen: Valentina ist in der fünften Woche schwanger und will sich von mir das Geschlecht ihres Babys lesen lassen. »Ein Mädchen«, lese ich. Nur um dann tiefer zu gehen und Valentina wissen zu lassen: »Aber irgendwie habe ich ein komisches Gefühl dabei.« Dieses komische Gefühl offenbart sich mir jedoch nicht weiter und da Valentina glücklich mit der Antwort ist, ist alles gut. Vier Monate später spreche ich wieder mit ihr. Sie kennt nun das Geschlecht ihres Kindes anhand von Ultraschallbildern. Es wird ein Junge. Zwar ist Valentina mir nicht böse für diese Fehlinformation, doch beide sind wir etwas unzufrieden mit dem damaligen Reading. Valentina erlaubt mir, ihre Intuition zu befragen, wie es zu dieser Fehlinformation kommen konnte. Und wir erfahren Valentinas Wahrheit: Sie hatte sich vor der Empfängnis so sehr ein Mädchen gewünscht. Dank der gelesenen Falschantwort hatte Valentina in den ersten Wochen ihrer jungen Schwangerschaft ihre ganze Liebe in das scheinbare Mädchen in ihrem Bauch geben können. Das hatte dem Baby geholfen, sich wohlzufühlen, sich geborgen und akzeptiert zu fühlen. Und es hatte Valentina geholfen, sich mit den Veränderungen in ihrem Körper anzufreunden. Später, als Valentina schon bis über beide Ohren verliebt war in das neue Leben, das in ihr entstand, und auch happy mit ihrem wachsenden Bauch, war es egal, als aus dem Mädchen plötzlich ein Junge wurde.

Für Valentina war das genau die richtige Antwort, um den nächsten Schritt zu gehen, nämlich sich auf ihre Schwangerschaft einzulassen. Für jemand anderen hätte diese Verwechslung eine Enttäuschung katastrophalen Ausmaßes bedeuten können. Doch deine Intuition kennt dich. Sie weiß stets, was am besten für dich ist. Sie hilft dir dabei, deinen nächsten Schritt zu gehen. Auch wenn die Wege der Intuition sich aus dem Verstand nicht immer sofort erschließen.

Ähnlich war es mit meiner Freundin Maja. Sie würde die Geschichte wahrscheinlich heute anders erzählen, doch in meiner Erinnerung war sie genau so: Maja hatte einen kurzen Citytrip mit ihrer Freundin geplant. Mitten in der Nacht erhielt ich eine Nachricht: »Hi, ich hab da einen tollen Typen kennengelernt. Soll ich mit ihm etwas anfangen oder würde ich mir damit Chancen vermasseln?« Die Antwort, die ich las, kam prompt. Schmunzelnd antwortete ich Maja: »Hab Spaß! Der Typ ist nichts für immer!« Tja, was soll ich sagen? Maja hatte Spaß. So viel Spaß sogar, dass sie diesen Typen heute ihren Ehemann nennt. Hätte Maja damals auf ihr Ego gehört, dann hätte sie das anständige Mädchen gegeben und es wäre sicher nichts aus den beiden geworden. Da Maja sich aber ganz authentisch und fröhlich zeigte, konnte das Beste für sie geschehen.

Hurra, es ist ein Zweifel!

Wenn du nicht komplett egofrei im Intuitionskontakt bist, kann es passieren, dass du die Antworten deiner Intuition nicht zweifelsfrei empfängst, sondern in eine Verunsicherung gerätst. Das kann gerade zu Beginn öfter mal geschehen oder auch bei für dich sehr wichtigen Themen. Anstatt dann aufzugeben, freu dich lieber. Meine Einladung für einen Perspektivwechsel: Hurra, es ist ein Zweifel! Zweifel bedeuten nur, dass du zwei Stimmen hörst. Die eine Stimme, die von deiner Intuition kommt, und die andere Stimme, die von deinem Ego kommt. Und wieder gilt es: Atmen, still werden, Ego verbannen, öffnen. Wenn dein Ego hartnäckig ist, dann kannst du es auch bewusst zu Wort kommen lassen. Hör dir an, was dein Ego zu sagen hat. Und dann: Lausche, was deine Intuition dir mitteilen möchte. Bleib gleichzeitig auf deinem Chefinnensessel, in deinem Chefbüro. Hör die beiden Stimmen in dir und geh mit der Stimme, die eine ehrliche und liebevolle Sehnsucht ausdrückt und dir sagt: »Du kannst gar nicht anders, als diesen Schritt jetzt liebevoll und achtsam mit dir – in deinem Tempo – zu wagen.«

Deine Intuition hat einen Plan B

Wenn du dann noch immer Angst hast, den Schritt hin zu deinem Herzenswunsch zu wagen, dann frage deine Intuition gern nach einem Alternativvorschlag. Das Gute an der Intuition ist nämlich auch, dass sie einen Plan B parat hat. Eine zweitbeste Lösung also. Ich erzähle dir die Geschichte von Anne, die mit ihrer Intuition ihren besten Weg in ihrem Tempo gegangen ist.

Anne kam zu mir, weil sie unglücklich in ihrem Bürojob war. Sie überanstrengte sich in einem Arbeitsalltag, der weder ihre Talente noch sie als Mensch würdigte. Ich befragte Annes Intuition, was denn zu tun sei, damit Anne wieder Freude finden könne. Ihre Intuition war eindeutig: »Raus aus dem Job.« Doch Anne konterte ebenso zweifelsfrei: »Sicher nicht.« Von der Intuition kam die Info, dass Anne sich selbstständig machen solle, um ihre Erfüllung zu finden. Einige Jahre zuvor hatte sie eine Ausbildung zur Kinesiologin absolviert, auf der sie die Selbstständigkeit begründen sollte. Während Annes Herz vor Freude und Aufregung bei dem Gedanken daran, Menschen zu begleiten, Sprünge machte, weigerte sich ihr Alltags-Ich hartnäckig. Sie war alleinerziehende Mutter zweier Kinder und unmissverständlich klar darin, die finanzielle Sicherheit des Jobs nicht aufgeben zu wollen. Also musste ein Plan B her. Nicht aus dem Kopf, denn scheinbar waren wir hier in einer Pattsituation gefangen. Für Anne gab es nach dem ersten Reading nur »entweder – oder«: entweder glücklich arbeiten *oder* finanziell abgesichert sein. Wir fragten also den Plan B für Anne ab: »Wie kann Anne erfüllt arbeiten und finanziell sicher sein?« Die Antwort der Intuition war so verblüffend wie einfach: »Stunden reduzieren. Vier Tage im Job, ein Tag in der Selbstständigkeit.« Der Freitag sollte Annes Unternehmerinnentag werden, an welchem sie Kundschaft empfing und am Aufbau ihres Business arbeiten sollte. Möglich sollte das sein, weil ihr Unternehmen aktuell dabei war, flexible Arbeitszeitmodelle zu schaffen, und generell auf sanfte Art und Weise Mitarbeitende abbauen wollte. Anne war selig. Der Umstieg ging mühelos und schnell – dank gut gelieferter Argumente der Intuition. Es ist schon etliche Jahre her, dass Anne bei mir war. Daher weiß ich auch, dass sie heute nur mehr zwei Tage pro Woche ihrem Bürojob nachgeht und parallel als Kinesiologin immer mehr neue Menschen auf ihrem Weg begleitet.

Stopp!

Erinnere dich: Du hast die Führung in deinem Leben inne. Wenn du deinem inneren Team nicht sagst, was du brauchst und welchen Beitrag jedes einzelne Mitglied zu leisten hat, dann entsteht schnell Chaos. Also: Sei zu Hause in dir! Gib Anweisungen. Übernimm die Führung. Das kann dann auch mal mit einer sehr klaren und eindeutigen Botschaft ans Ego untermauert werden. »Stopp!« ist ein Ausruf, den dein Ego versteht. Es ist ein Befehl, den dein Ego befolgt, wenn du klar und unzweideutig in deiner inneren Haltung bist, sobald du es ausprichst. Du brauchst mit deinem Ego nicht zu streiten oder zu kämpfen. Du brauchst es nicht ins Boot zu holen und bei ihm für Verständnis zu sorgen. Manchmal genügt ein simples, würdevolles und hoheitsvolles »Stopp«, um wieder für Ruhe, Ordnung und Frieden in dir zu sorgen. Dann gelingt das anschließende Lesen wieder ganz leicht.

Respektiere Grenzen

Obwohl wir Zäune rund um unsere Grundstücke bauen, haben wir, wenn es um emotionale Belange geht, meist keine Übung darin, die Grenzen anderer und unsere eigenen zu respektieren. Wir sagen: »Ach, das dritte Glas Wein geht schon noch.« Oder so wie bei mir gern: »Ach, das zweite Stück Schokokuchen will ich auch noch.« Oder vielleicht kennst du das von dir: »Ach, die eine Überstunde mache ich jetzt auch noch.« Deine Intuition achtet penibel darauf, dass es keine Grenzüberschreitungen gibt. Weder sollst du deine eigenen Grenzen überschreiten noch die der anderen. Da kann es dann schon mal vorkommen, dass du bei Fragen keine oder ganz seltsame Antworten erhältst und bei genauerem Nachfragen erfährst, dass dich das nun wirklich nichts angeht und dir auf deinem Weg auch so gar nicht weiterhilft. Hand aufs Herz: Inwiefern nützt es dir, wenn du weißt, wie die neue Freundin deines Ex-Freundes über dich denkt? Oder wie es um die Beziehung deiner Nachbarn bestellt ist? Wenn du selbst nicht achtsam genug bist, um solche Fragen erst gar nicht zu stellen, dann wird deine Intuition dich hier – liebevoll wie immer – leiten. Ebenso, wenn du dich antreibst und von dir selbst immer mehr und mehr verlangst. Dann wird deine Intuition dich irgendwann wissen lassen: Es ist genug. Denn vielleicht wolltest du unbedingt neben deinem Newsletter jetzt auch noch deine Social-Media-Ads mit der Intuition abklopfen und ebenso den neuen Kundenavatar. Vielleicht wirst du dich von deiner Intuition ausgebremst fühlen. Behalte im Hinterkopf: Sie weiß, was gut für dich ist. Vertrau ihr. So lernst du, deine eigenen Grenzen zu respektieren. Ganz so wie im Film *Dirty Dancing*, als Johnny Castle zu Baby sagt: »Das ist mein Tanzbereich. Das ist dein Tanzbereich.«

Körperpendel

Bis jetzt hast du erfahren, wie ein tiefer Kontakt zu deiner Intuition gelingt. Doch deine Intuition wäre nicht deine Intuition, wenn sie nicht auch schnellere Möglichkeiten bieten würde, damit du zu Antworten aus deinem Inneren kommst. Mithilfe des beschriebenen Intuitionskontakts kannst du komplexen Themen auf den Grund gehen, den Status quo verstehen und Pläne schmieden. Doch es geht noch einfacher. Ohne langwierigen Prozess des Stillwerdens kannst du sofort einfache Ja-Nein-Fragen mithilfe deiner Intuition klären. Hier kommt mein Quick-Tipp für das Erleben magischer Momente mit deiner Intuition: das Körperpendel.

Dein Körper ist ein wundervoller Ausdruck der Körperintelligenz deines Inneren. Du kannst ihn als Sprachrohr deiner Intuition verwenden, denn über deinen Körper bist du direkt mit deinem Inneren verbunden. Deinen Körper zu nutzen, um Ja-oder-Nein-Antworten zu erfahren, ist daher eine der leichtesten Möglichkeiten, schnell Klarheit zu finden. Auch hier gilt: Schaffe den Raum, damit sich dir deine Intuition leicht mitteilen kann. Das heißt: Werde ruhig, sei präsent, öffne dich vorurteilsfrei und bleib ergebnisoffen.

Intuitionen sind so einzigartig wie ihre Besitzerinnen und Besitzer. Daher geht es im ersten Schritt darum abzuklären, wie deine Intuition dir Jas und Neins über den Körper mitteilt. Du erlernst die Sprache deines Körpers und wirst dadurch zur Übersetzerin bzw. zum Übersetzer deiner Intuition. Die folgende Anleitung hilft dir, deinen Körper für die Kommunikation mit deiner Intuition vorzubereiten. Lies dir die Schritte durch und geh danach unmittelbar in die Umsetzung. Es ist durchaus möglich, dass dich dein Körperpendel mit seiner Wirkung und Klarheit umwirft.

- Stelle dich aufrecht hin und die Füße hüftbreit auseinander. Hüftbreit ist etwa so, dass deine zwei Fäuste zwischen deinen Füßen Platz finden würden. Mach deine Knie weich. Das heißt: Streck die Beine nicht ganz durch wie eine Zinnsoldatin oder ein Zinnsoldat. Die Intuitionsenergie soll fließen und nicht stocken. So bleibst du offen und empfänglich. Lass deine Arme entspannt rechts und links vom Körper hinabbaumeln.

- Schließ deine Augen und atme. Finde deinen Entspannungsatem. Lass deinen Atem ganz natürlich in dich ein- und wieder ausströmen. Vielleicht möchtest du mit deiner Aufmerksamkeit auch in deinen Brust- oder in deinen Bauchraum gehen und beobachten, wo dein Atem in deinem Körper Bewegung hervorruft. So verbindest du dich noch mehr mit deinem Inneren.

- Lass deine Gedanken los. Verbanne dein Ego in sein Kämmerchen, damit du die Intuition besser wahrnehmen kannst.

- Nun kalibriere deinen Körper. Das bedeutet: Finde heraus, wie sich dir dein Körper ganz exakt mitteilt und wie du seine Botschaften übersetzen kannst. Bitte ihn, dir jetzt ein Ja zu zeigen. Du kannst deinen Körper ansprechen und innerlich sagen: »Lieber Körper, bitte zeig mir ein Ja.« Nun beobachte. Beobachte, was mit deinem Körper passiert. Dein Körper wird sich entweder nach vorn oder aber nach hinten bewegen. Er wird zu pendeln beginnen. Das kann eine sanfte sowie auch eine sehr deutliche Vor- oder Rückwärtsbewegung sein. Vielleicht fühlst du innerlich auch lediglich, in welche Richtung sich dein Körper bewegen möchte, weil du einen inneren Drang nach vorn bzw. nach hinten verspürst. Lass dir dein Ja zeigen. Erinnere dich daran, zu atmen. Atme in deinem natürlichen Atemrhythmus. Nachdem du herausgefunden hast, wie dein Körper dir ein Ja übersetzt, mach die Gegenprobe: Fordere deinen Körper auf, dir ein Nein zu zeigen. Du wirst in die Gegenrichtung pendeln. Das war's auch schon! Dein Körper ist kalibriert und du weißt seine Botschaften zu übersetzen: Die Pendelbewegung deines Körpers in die eine Richtung bedeutet Ja und in die andere Richtung Nein.

- Stelle nun deine Frage. Formuliere sie klar und so, dass sie mit Ja oder Nein zu beantworten ist. Nutze manipulationsfreie Gegenwartsfragen aus deinem

Herzen heraus. Stelle eine Frage und beobachte dich in deinem Körper: In welche Richtung pendelt dein Körper? Ja- oder Nein-Bewegung? Das ist deine Antwort!

Bitte erinnere dich an die Schnelligkeit deiner Intuition. Es kann durchaus passieren, dass du schon zu pendeln beginnst, noch während du deine Frage formulierst.

Wie stark du pendelst, sagt nichts über die Klarheit der Antwort aus. Unterschiedliche Gründe können die Intensität beeinflussen. Gerade zu Beginn ist es möglich, dass du dich etwas zögerlich an deine Körperintelligenz annäherst und noch in einer vorsichtigen Haltung bist. Vielleicht bist du dir gar nicht sicher, ob du wirklich klare Antworten empfangen möchtest. Dadurch bremst du dein Körperpendel aus. Erinnere dich in diesen Momenten daran, dass deine Intuition zu deinem Besten agiert. Doch auch die Tagesverfassung kann die Stärke des Wackelns beeinflussen. Wenn du körperlich müde bist, kann vieles träger geschehen als an Tagen, an denen du voller Power bist. Ganz besonders aber hängt die Intensität deiner Bewegung von deinem persönlichen Energietyp ab. Manche Menschen kippen regelrecht nach vorn oder fallen fast nach hinten um. Bei anderen bräuchte eine außenstehende Beobachterin oder ein Beobachter schon ein sehr geschultes Auge, um überhaupt zu bemerken, dass in ihnen eine körperliche Regung vonstattengeht. Akzeptiere die Besonderheit deiner Körpersprache und werde feinfühlig für den Weg, den deine Intuition als Kommunikationsmittel gewählt hat.

Bei weitreichenderen Entscheidungsfragen kann es darüber hinaus empfehlenswert sein, eine Gegenprobe in Form einer zweiten Frage zu stellen. Ein Beispiel: Stell dir vor, es hat sich gerade ein möglicher neuer Mitarbeiter bei dir vorgestellt. Du fragst deine Intuition: »Soll ich diesen Bewerber einstellen?« Sichere diese Antwort ab, indem du fragst: »Soll ich diesem Bewerber absagen?« Wenn du mehrere geeignete Kandidatinnen und Kandidaten hast, dann frage alle ab. Wenn bei zwei Personen dein Ja erscheint, dann kannst du noch weiter nachfragen und herausfinden, ob du beide einstellen sollst oder wer die oder der bessere für dich, das Team oder deinen Erfolg ist. Je nachdem, was Relevanz für dich hat. Nicht selten habe ich es dabei schon erlebt, wie Körperpendel-Fans mir von ihrem Umgang mit ihrer natürlichen Körperintelligenz erzählen. Da werden dann ganze Listen an Fragen notiert und nacheinander abgearbeitet. Ganz egal, um welches Thema es dabei geht: dein neues Firmenauto, Kundenakquise, Angebotsstruktur, Preisgestaltung. So sparst du dir viel Zeit und noch mehr Gedankenarbeit.

In seltenen Fällen kann es vorkommen, dass du keine Antwort erhältst. Dies hat eine der drei möglichen Ursachen: Bereitschaft, Fragepassung, Antwortpassung. Eventuell bist du noch nicht bereit, um Antworten zu empfangen. Lockere deinen Körper. Spring vielleicht kurz im Stand. Schüttle deinen Körper aus. Geh bewusst in eine Haltung, die sagt: »Ich bin bereit, die besten Antworten für mich zu erhalten.« Du kannst diesen Satz auch leise in deinen Körper hineinsprechen. Lächeln hilft zudem, dich zu lösen und aus einer möglichen Anspannung zu bringen. Womöglich ist auch die Frage nicht die passende. Stell dir vor, du bist dabei, dein Logo neu zu gestalten. Vier Vorschläge sind in der Endauswahl. Du möchtest ein Design nach dem anderen durch Pendeln abklären. Doch du wackelst gar nicht. Nicht die Spur einer

Bewegung. In solchen Situationen ist es hilfreich, ganz an den Anfang zurückzukehren und zum Beispiel die Frage zu stellen: »Brauche ich überhaupt ein neues Logo?« Und schon zieht es dich hin zum eindeutigen Nein. Du sparst dir also Zeit und Geld. Es ist sogar möglich, dass es zwei passende Antworten gibt, dass sowohl ein Ja als auch ein Nein richtig für dich ist. Lass mich dir dafür ein weiteres Beispiel geben: Du willst wissen, ob eine bestimmte Neukundin bzw. ein bestimmter Neukunde gut für dich ist. Dann stelle die Frage: »Ist dieses Unternehmen gut für mich?« Dein Körper bewegt sich nicht. Die Antwort ist neutral. Geh tiefer. Definiere für dich: Was bedeutet »gut«? Stelle weitere Fragen: »Kann ich mit dieser Firma hohe Umsätze erzielen?« Ja. »Habe ich Freude daran, mit den Mitarbeitenden dieses Unternehmens zusammenzuarbeiten?« Nein. Genau das sind die Momente, in denen deine Selbstverantwortung gefragt ist und du entscheiden kannst, was dir wichtiger ist: Geld oder Freude. Und natürlich kannst du auch diese Frage mithilfe des Körperpendels klären.

Zum Schluss möchte ich dir noch meinen persönlichen Tipp mitgeben, um sicherzustellen, dass dein Ego sich nicht einmischt: blindes Körperpendel. Dies klappt dann, wenn du mehrere Fragen mithilfe deiner intuitiven Körperintelligenz klären möchtest. Schnappe dir kleine Notizzettel und notiere pro Zettelchen exakt eine Frage. Dann falte die Zettel und mische sie so, dass du nicht mehr weißt, welche Frage auf welchem Blatt Papier notiert ist. Schließlich greifst du dir ein Zettelchen und hältst es in deiner Hand, während du das Körperpendel befragst: »Wie lautet die Antwort auf die Frage, die auf dem Zettel in meiner Hand notiert ist?« Notiere dir das Ja bzw. das Nein auf der Außenseite. Lege anschließend den ersten Zettel beiseite und verfahre so mit allen Fragen auf allen Notizzetteln. Erst zum Schluss löst du auf und siehst nach, welche Frage zu welcher Antwort geführt hat.

Schummelzettel mit Handwaage

Eine weitere Möglichkeit, um Informationen deiner Intuition zu erhalten, ist die Handwaage. Mit der Technik »Schummelzettel mit Handwaage« ist es dir sogar möglich, Antwortmöglichkeiten, die über das Ja oder Nein deines Körperpendels hinausgehen, zu klären.

»Handwaage« bedeutet, dass deine beiden Handflächen als Schalen wie bei einer Waage fungieren. Wieder geht es im ersten Schritt um das Übersetzen deiner Intuition über deine Körperreaktion.

- Nimm, wie im Kontakt mit deiner Intuition üblich, eine offene, neutrale und vorurteilsfreie Haltung ein. Werde innerlich still, präsent und empfangsbereit.

- Stelle oder setze dich aufrecht hin. Lass zuerst deine beiden Arme nach unten fallen und führe dann deine Unterarme im 90-Grad-Winkel entspannt nach vorn, als würdest du etwas in Empfang nehmen wollen. Achte darauf, dass deine Arme ausreichend Bewegungsfreiheit haben und nicht von Armlehnen oder etwas anderem eingeschränkt werden. Deine Handflächen sind zu kleinen Tellern bzw. Schalen geformt und nach oben gedreht.

- Nun kalibriere deinen Körper. Du findest also heraus, wie er dir die Antwort deiner Intuition signalisiert. Hierbei steht jede der beiden Handflächen für eine Antwortmöglichkeit. Stelle dir im ersten Schritt vor, dass in deiner rechten Hand die für dich passende Antwort liegt. Bitte deinen Körper, dir zu zeigen, was er mit deiner Hand macht, wenn darin die für dich passende Antwort liegt. Du kannst in deinen Körper hinein fragen: »Wie fühlt sich ein Ja in meiner Hand an?« Wieder wird sich dein Körper in Bewegung setzen. Diesmal wird dein Körper die rechte Hand oder vielmehr den rechten Arm in Bewegung setzen: nach oben oder nach unten oder vielleicht auch zu deinem Herzen hin. Es kann sein, dass sich deine ganze Aufmerksamkeit plötzlich nur noch auf die rechte Hand ausrichtet. Beobachte deine rechte Hand: Was tut sich? Wird deine Hand schwerer? Leichter? Geht sie nach unten oder oben? Fängt sie an zu kribbeln oder wird sie wärmer? Vielleicht bewegt sie sich zum Herzen? Deine Hand wird eine Reaktion zeigen. Diese Reaktion ist die Kommunikationsart deiner Intuition bei der »Handwaage«. Deine Hand signalisiert dir durch ihre Veränderung, dass hier die passende Antwort zu finden ist. Während sich die rechte Hand in Bewegung gesetzt hat oder sich in sonst einer Art und Weise verändert hat, ist die linke Hand entspannt und ruhig geblieben. Nun wird gewechselt: Überprüfe denselben Effekt in deiner linken Hand. Stelle dir gedanklich vor, dass die passende Antwort in deiner linken Handfläche liegt und spüre dieselbe Körperreaktion wie vorhin auf deiner rechten Seite. Beide Hände bzw. Arme zeigen dieselbe oder eine ähnliche Reaktion, um dir zu signalisieren, dass – bei der praktischen Anwendung – die jeweils rechte oder linke Hand die passende Antwort deiner Intuition erhält. Du hast nun also herausgefunden, wie deine Intuition über deine Arme mit dir kommuniziert. Wenn es nun gleich um das Erfragen von Antworten geht, dann wird sich wahlweise deine rechte oder deine linke Hand in Bewegung setzen, sobald du eine Frage an die Intuition gerichtet hast. Doch bevor es gleich losgeht mit dem Befragen, noch eine wichtige Sache:

- Warum ich diese Technik »Schummelzettel mit Handwaage« nenne, hat einen einfachen Grund: In der »Handwaage« arbeitest du blind mit zwei Antwortmöglichkeiten. Im nächsten Schritt wirst du je zwei Zettelchen schreiben mit zwei verschiedenen Antwortmöglichkeiten auf eine Frage und diese mit deiner Intuition klären. Das heißt, du hast hier die Möglichkeit, offene Fragen zu formulieren. Stets so, dass es nur zwei Wahlmöglichkeiten gibt. Diese Wahlmöglichkeiten können, ebenso wie beim Körperpendel, Ja oder Nein lauten. Aber auch A oder B.

- Variante 1 mit Ja und Nein: Schreib dir zwei Zettelchen. Auf dem einen steht »Ja« und auf dem anderen »Nein«. Falte sie und mische sie gut durch, damit du nicht mehr weißt, welche Antwort auf welchem Zettel steht. Dann lege je ein Zettelchen in je eine deiner Handschalen. Winkle die Unterarme an, mach dich innerlich offen und frei und stelle nun deine konkrete Frage. Zum Beispiel: »Soll ich mich selbstständig machen?« Eine deiner beiden Hände bzw. Arme wird dir die Reaktion zeigen, so wie du sie zuvor erfahren hast. Sie geht als Siegerhand hervor. Öffne nun deine Handflächen und löse das Rätsel auf, indem du nachsiehst, was auf dem Siegerzettelchen geschrieben steht.

- Ähnlich funktioniert es, wenn du mehrere Wahlmöglichkeiten hast. Mal angenommen, du bist auf der Suche nach einer geeigneten Location für dein nächstes Frauenretreat. Da gibt es auf der einen Seite das schicke Fünf-Sterne-Hotel in der City und auf der anderen Seite die Berghütte am See. Beschrifte deine Zettelchen. Jede Location kommt auf einen Zettel: Auf dem einem steht »Fünf-Sterne-Hotel« und auf dem anderen »Berghütte«. Mische diese beiden gefalteten Blätter ebenfalls durch, damit du blind und somit vorurteilsfrei empfangen kannst. Nimm je ein Zettelchen in eine Handschale, winkle die Arme an, atme und stelle die für dich wichtige Frage: »Welche Location ist für mein Frauenretreat besser?« Der Arm, der die für dich passende Antwort bereithält, wird dir Signale schicken, damit du ihn erkennst. Nachdem deine Intuition dir die Antwort mitgeteilt hat, kannst du die entsprechende Handfläche und das Siegerzettelchen öffnen und nachsehen. Natürlich kannst du anschließend weitere Detailfragen stellen, wie zum Beispiel: »Welche Location empfinden die Teilnehmerinnen als angenehmer?« Oder/Und: »In welcher Location bin ich mehr in meiner Kraft?« Stelle eine Frage nach der anderen, mische zwischen jeder Fragerunde deine Zettelchen gut durch, um egofrei in die nächste Runde zu gehen.

Schreiben mit Intuition

Gleich vorneweg: Du musst weder ein Rechtschreibgenie sein noch Grammatik beherrschen oder dich eloquent ausdrücken können, um das Schreiben mit Intuition für dich nutzbar zu machen! Beim Schreiben mit Intuition geht es nicht um korrekte Orthografie, zusammenhängende oder sinnvolle Sätze. Vielmehr ist das intuitive Schreiben ein wundervoller Weg, um ganz sanft zu Selbsterkenntnissen zu gelangen. Keine Sorge also, wenn du nicht gern schreibst oder von dir glaubst, dass dir Schreiben nicht liegt – das tut hier überhaupt nichts zur Sache!

Während es beim klassischen Intuitionskontakt darum geht, ausschließlich Impulse deiner Intuition zu erhalten, hält das Schreiben mit Intuition auch die Möglichkeit parat, deinen Verstand und dein Ego zu Wort kommen zu lassen. Schreiben mit Intuition ist ein sanfter Zugang zu deinem Inneren. Ein Zugang, der dir Klarheit über alle deine inneren Anteile bringt.

Schreiben mit Intuition ist für mich wie ein Spiel, bei dem es um nichts geht, das gleichzeitig aber einige Aha-Momente bereithält. Der Intuitionskontakt, wie du ihn zum Beispiel beim Körperpendel anwendest, kommt zielstrebig auf den Punkt. Du kannst schnell und klar bestimmte Sachverhalte abklären und erhältst konkrete Informationen und Empfehlungen aus deinem Inneren. Die Intuition braucht dafür nicht viele Worte. Beim intuitiven Schreiben hingegen dürfen Worte Platz finden. Es ist wie ein innerer Dialog. Wie wenn du deine unbewussten Anteile mit all ihren Bedenken zu Wort kommen lässt und dein Inneres Gehör findet. Du gibst dir Raum. In diesem Schreibraum ist Platz für dich. Du kannst dich ausbreiten, dir selbst zuhören und entdeckst dich so. Hier darf sich auch dein Ego mit seinen Emotionen zeigen. So machst du dir deine Themen bewusst. Im Schreiben zeigt sich, was dich aktuell beschäftigt. Schreiben mit Intuition ist also nicht vergleichbar mit dem Lesen der Intuition, aber eine unglaubliche Bereicherung für Selbsterkenntnisse.

Ich zum Beispiel schreibe täglich meine Morgenseiten. Meine Tage starten mit Meditation sowie Lesen der Intuition und im Anschluss daran gibt es das Schreiben mit Intuition. Hier kann ich Themen auf den Grund gehen, die sich in der Meditation oder beim Intuitionskontakt gezeigt haben. Ich kann Erlebnisse reflektieren und von der Metaebene aus für mich klären. Für ein Onlineprogramm von mir habe ich fast 300 Schreibimpulse für meine Teilnehmenden entwickelt. Auch hier war die Resonanz enorm. Es ist erstaunlich, in welche Richtung wir beim Schreiben mit Intuition von ihr gelenkt und welche Einsichten hier ausgegraben werden können. Neben Erkenntnissen tun sich Chancen auf. Über die Klarheit, die in dir entsteht (oftmals einfach dadurch, dass du weißt, welche Anteile in dir gerade am Ruder sind bzw. auf dem Boss-Bürostuhl sitzen), findest du Vertrauen in dich und deine innere Stimme.

» *Wahres Verstehen ist die Voraussetzung für die bestmögliche Umsetzung.* «

Durch das Schreiben bekommen die Informationen einen besonderen Wert. Die Dinge – und das gilt für alles im Leben –, die du wahrhaftig verstehen und fühlen kannst, diese Dinge kannst du auch annehmen und in weiterer Folge umsetzen oder verändern. Dieses Wissen wird zu deinem. Es wird verinnerlicht und bleibt in dir. Wenn du weißt, warum du etwas tust bzw. warum du etwas (noch) nicht tust, kann dein Engagement für die Tätigkeit steigen oder deine Motivation, etwas in die Umsetzung zu bringen.

Schreiben mit Intuition benötigt keine große Vorbereitung, sondern kann jederzeit einfach gestartet werden. Mit diesen sechs schnellen Schritten wird das Schreiben mit Intuition für dich zum Kinderspiel und eine Quelle unerschöpflicher Erkenntnisse, Freude und Selbstakzeptanz.

Papier und Stift

Such dir Papier und einen Stift, mit dem du gern und flüssig schreibst. Ich persönlich mag Füller, Gel- und Tintenroller sowie Bleistifte. Sie flitzen leicht und ohne viel Druck übers Papier. Bei Kugelschreibern hingegen muss meine Hand meist etwas mehr Kraft aufwenden, damit Farbe aufs Papier kommt. Ich empfehle dir, auf digitale Geräte zu verzichten und mit der Hand zu schreiben. Schwarz auf weiß. Oder rosa auf recyceltem Papier. So wird es ehrlicher. Außerdem bist du nicht versucht, automatisch rot markierte Worte sofort mit der Rechtschreibhilfe zu korrigieren. Denn das bringt dich wieder raus aus deinem Schreibfluss.

Zeit

Such dir einen Platz und einen Zeitpunkt, wo und wann du dich entspannt zurückziehen und für dich sein kannst. Ehrlich mit dir und ungeschminkt. Nimm dir zehn Minuten oder eine halbe Stunde Zeit, in der du ungestört bist. Definiere dein persönliches Zeitlimit vorab. Ich empfehle dir, zu Beginn mit 10 oder 15 Minuten zu starten. Mehr würde dich am Anfang wahrscheinlich mürbe machen. Weniger liefert keine guten Erkenntnisse. Du brauchst einige Minuten, bis du dich eingeschwungen hast, bevor die Aha-Momente kommen. Es ist auch nicht notwendig, die Zeit kontinuierlich zu steigern. Mehr ist beim Schreiben mit Intuition nicht gleich besser. Oder lege anstelle der Zeit den Seitenumfang fest, den dein Schreiben ausfüllen soll. Meine Morgenseiten zum Beispiel umfassen täglich drei DIN-A4-Seiten. Damit bin ich in circa 30 Minuten durch. Mehr als eine oder zwei Seiten bzw. 10 oder 15 Minuten müssen es bei dir aber auch nicht sein.

Innere Stille, Präsenz, Offenheit

Auch beim Schreiben mit Intuition empfehle ich dir, zentriert in einer Haltung von innerer Stille, Präsenz und Offenheit zu sein. Das Schreiben mit Intuition ist für dich, um Zeit mit dir zu verbringen und Klarheit zu gewinnen. Hier hat das Schreiben mit Intuition zwei wesentliche Vorteile gegenüber dem klassischen Intuitionskontakt: Auf der einen Seite dürfen dein Verstand und dein Ego bleiben und sogar zu Wort kommen. Auf der anderen Seite beschäftigt die Tätigkeit des Schreibens an sich, das Malen von Buchstaben und Worten, deinen Verstand so sehr, dass er abgelenkt ist und damit mehr Raum für die Intuition bleibt. Erinnere dich: Der Verstand liebt es, beschäftigt zu sein. Beim Schreiben mit Intuition ist er es. Nichtsdestotrotz kannst du dich, bevor du mit dem Schreiben loslegst, kurz auf deinen Atem fokussieren, innerlich still werden und dich für dein Inneres öffnen.

Schreiben mit Intuition

Nun starte den Timer und beginn zu schreiben. Beginn damit, das gewählte Thema bzw. das, was dich gerade beschäftigt, als Überschrift auf dein Blatt Papier zu notieren. Formuliere ein Wort, eine Phrase oder eine Frage – was immer es ist, was du dir mithilfe des Schreibens näher betrachten möchtest. Hier ein paar Beispiele aus meiner Praxis:

- Meine Selbstakzeptanz
- Mein Selbstboykott
- Meine Seele spricht
- Wenn ich ehrlich mit mir bin, dann …
- Eine Fee löst mein Problem
- Wie finde ich Erfüllung im Leben?

Nutze gern ähnliche Fragen, wie du sie im Intuitionskontakt stellen würdest. Verwende auch konkrete und alltagsrelevante Fragen, wie etwa:

- Welches Angebot möchte ich aus dem Herzen gern anbieten?
- Wie kann ich meinen Partner so sehr lieben, wie ich mir das wünsche?
- Was brauche ich, um mich für eine Agentur entscheiden zu können?

Beide Quellen – Intuitionskontakt und Schreiben mit Intuition – ergänzen einander wunderbar und werden dir eine breit gefächerte Sammlung an Impulsen liefern.

Dann: Schreib einfach drauflos. Weder musst du ganze oder

sinnvolle Sätze bilden noch Rechtschreibung und Grammatik beherrschen. Niemand wird deine Ergüsse lesen. Schreib und lass deinen Stift laufen. Hör nicht auf zu schreiben! Mach keine Gedankenpausen. Schreib immer weiter. Wenn dir nichts mehr einfällt, dann schreib »Mir fällt nichts mehr ein …« so oft, bis ein neuer Impuls kommt. Oder noch besser: Bring schreibend die Überschrift erneut zu Papier – das bringt meist einen neuen Gedanken. Hör einfach nicht auf zu schreiben, egal was kommt!

Wenn du im Schreiben mit Intuition geübter bist, dann kannst du auch in innere Dialoge treten und abwechselnd dein Herz und dein Ego zu Wort kommen lassen, die Liebe und die Angst, das Erwachsenen-Ich und das Kind-Ich.

Manchmal wirst du Gedankensprünge machen. Ein anderes Mal werden Tränen die Tinte verwischen. Und wieder ein anderes Mal wirst du schreiben: »Heureka! So hatte ich das noch gar nicht betrachtet.« Schreib so lange, bis dein Timer klingelt oder die vordefinierte Seitenzahl erreicht ist.

Nachspüren

Wenn dein Zeitlimit oder die definierte Seitenzahl erreicht ist, hör auf zu schreiben. Das ist wichtig. Bring den Gedanken bzw. den Satz zu Ende und stoppe dann. So erhältst du beste Ergebnisse. Bewege, entspanne, massiere anschließend kurz deine Schreibhand. Die wenigsten von uns sind es gewohnt, so lange mit der Hand zu schreiben. Außerdem beobachte ich bei meinen Klientinnen und Klienten die Tendenz, beim Schreiben mit Intuition automatisch schneller zu schreiben als beim alltäglichen Schreiben. Gib deiner Schreibhand also kurz Zeit, um wieder zu entspannen. Atme. Lass das Geschriebene nachwirken.

Quintessenz

Entweder bist du nun schon happy mit dem Prozess des Schreibens mit Intuition oder du gehst noch einen Schritt weiter. Wenn du magst, dann lies dir deinen Text durch und unterstreich die für dich wichtigsten Erkenntnisse. Du kannst dir gern den Timer erneut auf fünf Minuten stellen und schreibend deine Quintessenz finden. Dafür eignet sich die folgende Überschrift: »Meine Quintessenz aus dem heutigen Schreiben ist …«. Du kannst auch einige dieser Fragen schreibend vervollständigen:

- Wenn ich das lese, fällt mir auf …
- Wenn ich das lese, bin ich überrascht …
- Wenn ich das lese, wird mir bewusst …
- Wenn ich das lese, fühle ich mich …
- Mein nächster Schritt ist daher …

Regelmäßiges Schreiben mit Intuition bringt deinen Fokus stärker zu dir. Du wirst dir selbst näherkommen, dich verstehen, deine Bedürfnisse ebenso besser erkennen können wie deine Muster. Das alles zusammen erhöht deine Chancen auf eine innerlich harmonische und friedfertige Beziehung mit dir sowie auf Klarheit und Vertrauen in dein Selbst. Klarheit und Vertrauen sind die Grundpfeiler, die dein Business von dir braucht, wenn du ganzherzige Entscheidungen treffen möchtest und dich in deinem Unternehmen selbst verwirklichen willst.

Selbstverwirklichung in deinem Business

WIE EIN GANZHERZIGES BUSINESS MIT INTUITION ENTSTEHT

Im Laufe dieses Buches habe ich dir immer wieder Fragen an die Hand gegeben, die du mit dir und deiner Intuition klären kannst. Arbeite konkret mit ihnen. Du kennst nun die vielfältigen Möglichkeiten, mit deren Hilfe du Antworten findest, die zu 100 Prozent dir entsprechen. Nutze sie! Mit der Intuition zu arbeiten, braucht einen Raum und eine definierte Zeit. Der Intuitionskontakt entsteht nicht einfach so zwischen Tür und Angel, indem du ein Buch liest. Du initiierst ihn, wenn du das Buch aus der Hand legst, dir den Raum für dich schaffst und konkret in die Umsetzung gehst.

Mithilfe der Intuition zu guten Einsichten zu gelangen ist leicht. Antworten aus dem Inneren zu empfangen, gelingt mühelos, wenn du die beschriebenen Schritte gehst. Die Hürde, an der viele Menschen scheitern, ist das Stellen von Fragen. Denn auch hier braucht es Mut. Es braucht den Mut, sich einzugestehen, dass es eine konkrete Handlung von einem selbst erfordert, eine Entscheidung, die so voller Absicht ist, dass man danach etwas im Leben in Bewegung setzt. Um diese Verantwortung nicht übernehmen zu müssen, um den Konsequenzen, die auf Entscheidungen unweigerlich folgen, aus dem Weg zu gehen, widerstehen manche Sinnsuchenden unbewusst dem Bedürfnis, klare Fragen zu formulieren. Du nicht!

Lass uns damit beginnen, dass du jetzt für einen Moment innehältst und eine Frage, die dich sehr beschäftigt, in dein Bewusstsein holst. Vielleicht willst du an dieser Stelle sogar das Buch für einen Moment zur Seite legen. Nimm dir auf jeden Fall Stift und Papier zur Hand und verschriftliche die Frage. Schreib sie auf! Sobald etwas schwarz auf weiß niedergeschrieben ist, wird es realer. Du holst die Frage aus deinem Kopf heraus und bringst sie hinein in deine Welt. Schließlich kannst du nur mit dem arbeiten, was dir bewusst ist.

» *Bewusstheit ist die halbe Miete.* «

Sobald du die Frage kennst und du sie aktiv in deinen Gedanken erlaubst, kannst du im nächsten Schritt eine Antwort darauf finden. Notiere also deine Frage. Mir ist es wirklich ein Herzensanliegen, dass du den Zugang nach innen findest und dass du mithilfe deiner Intuition dein wahres Selbst und die Wahrheiten in dir entdecken kannst. Bitte glaub mir, dass das passive Lesen eines Buches allein dir nicht das gibt, was du brauchst, um von Herzen kommende Entscheidungen zu treffen und Vertrauen in sie zu haben. Geh also in die Umsetzung – im ersten klitzekleinen Schritt dadurch, dass du die Frage, die dich momentan wirklich umtreibt, zu Papier bringst.

Wenn du das getan hast, dann wirst du vielleicht entdecken, dass eine Frage zur nächsten und diese wiederum zur nächsten führt. Notiere sie alle. Sammle all deine Unterfragen zu deiner ersten womöglich großen Frage auf einem Stück Papier. Dann leg alles beiseite. Lass es für ein, zwei Tage ruhen. Nimm deine Sammlung erst dann wieder zur Hand. Mit der

Distanz der verstrichenen Zeit entdeckst du möglicherweise eine neue, übergeordnete Frage. Oder du kommst an andere Unterpunkte heran.

Nun bist du bereit für den Intuitionskontakt. Die Fragen zu formulieren, schafft nämlich bereits eine gewisse Öffnung in dir. Du kannst dich hinsetzen und Ja-Nein-Fragen mithilfe des Körperpendels klären. Du kannst eine einzelne Frage aber auch dazu nutzen, um sie schreibend zu beleuchten und so noch mehr Aspekte für dich bewusst zu verdeutlichen. Oder aber du gehst direkt ins Lesen der Intuition. Wenn du magst, dann nimm mit der Diktierfunktion deines Handys – das wie erwähnt während des Intuitionskontakts am besten im Flugmodus ist – die Antworten auf, die du von deiner Intuition erhältst. So kannst du entspannt versichert sein, dass alle Informationen für deinen Verstand gespeichert bleiben.

Es gibt keine Zeitvorgabe, wie lange du dich mit einer Frage und ihren Unteraspekten beschäftigen sollst. Vermutlich wird es manche Fragen geben, die schnelle Entscheidungen benötigen, wohingegen andere Fragen über Monate hinweg, wenn nicht sogar noch länger, neue und tiefere Aspekte zutage bringen. Es gibt Fragen, die wir uns alle immer wieder stellen. Fragen, deren Antworten sich essenziell auf unser Business und auf unsere Unternehmensstrategie auswirken. Diese Fragen haben wir im Laufe unseres gemeinsamen Weges bereits beleuchtet. Ich möchte dich nun einladen, auch mit diesen Fragen in deine konkrete Umsetzung zu gehen.

ERSCHAFFUNG DES NEUEN

Bevor du dich daran machst, aus dem Herzen und der Intuition heraus das Neue in deinem Leben zu erschaffen, halte kurz inne und erinnere dich an den Beginn des Buches. Meine Eingangsfragen an dich möchte ich an dieser Stelle noch einmal wiederholen: Was ist dein Ziel? Und wie fühlst du dich, wenn sich dieser Wunsch erfüllt hat? Kannst du Ziel und Wunschgefühl schon etwas klarer in Einklang bringen? Das Erreichen deines Ziels war bis jetzt wahrscheinlich deshalb so schwer, weil du den Eisberg oben an der Spitze anschieben wolltest. Mit deinem denkenden Verstand hast du versucht, die fünf Prozent, die aus dem Wasser ragen, zu bewegen. Eine unglaubliche Kraftanstrengung, wie wir mittlerweile im Verlauf des Buches gelernt haben. Denn du musstest gegen alle Ängste, Widerstände, Zweifel, Verhaltensmuster und Überzeugungen aus deinem Unterbewusstsein ankämpfen. Egal wie klar du mit deinen Absichten warst, sie haben stets nur die Spitze des Eisbergs betroffen und standen einer übermächtigen Kraft aus der Tiefe gegenüber. Oben warst du klar und hast vielleicht gesagt: »Ich kündige und starte durch als Solopreneurin.« Doch unten war der ängstliche Teil, der sich vehement dagegengestemmt hat: »Sicher nicht! Womit willst du dich denn selbstständig machen? Was kannst du denn schon, was die Welt braucht?« Deine Selbstständigkeit nimmt nicht Fahrt auf, egal wie viel und was du tust. Wenn du darauf wartest, bis die Umstände perfekt sind oder aber du selbst, dann wird es keinen Fortschritt geben. Dein Hebel wird größer, wenn du den Eisberg unten – auf der Ebene der Intuition, losgelöst von deinen Zweifeln – bewegst. Daher die Einladung: Geh tiefer, finde dich selbst! Richte den Fokus auf das, was du willst und was deiner Seele entspricht. Und erschaffe aus dem Selbst heraus. Wenn du weißt, wer du bist, was dich ausmacht, was du brauchst, dann kannst du geben. Und so erschaffst du etwas, das zu 100 Prozent dir entspricht.

Wenn du beginnst, die für dich und dein Selbst richtigen Dinge zu tun, dann bist du im Flow und die Schönheit des Lebens breitet sich wie ein sehr fein gewebter Teppich vor dir aus, den du entlangschreiten und genießen darfst. Weben ist ein kontinuierlicher Prozess des Erschaffens. Der Teppich deines Seins darf immer bunter, breiter, vielfältiger werden. Du führst dein Leben von innen nach außen und wirst so zur Gestalterin in deinem Business und zum Regisseur deines Lebens.

NUTZE DIE INTUITION KONKRET UND PRAKTISCH

Wenn du mit deiner Intuition arbeitest, dann geschieht zwangsläufig Selbstverwirklichung. Es geht gar nicht anders. Jede Entscheidung, die du basierend auf der Empfehlung deiner Intuition triffst, orientiert sich an deinem wahren Selbst und bringt dich diesem automatisch näher. So fallen nach und nach die drei klassischen Argumente, die uns im Business immer wieder blockieren:

- Ich habe keine Zeit.
- Ich habe kein Geld.
- Ich kenne meinen Weg nicht.

> *Wenn du die Intuition zur Stabsstelle im Unternehmen beförderst, dann priorisierst du deine Zeit besser, du investierst dein Geld klüger und du kennst deinen Weg.*

Anstatt tagelang über ein Problem zu grübeln, setzt du dich mit deiner Intuition hin und klärst, was dir im Weg steht, um eine Entscheidung zu treffen. Wenn du weißt, was dir wichtig ist, dann kommst du bei Verhandlungen schneller auf den Punkt. Du minimierst Konfliktpotenzial mit Partnerfirmen sowie Klientinnen und Klienten. Du selbst stiehlst dir keine wertvolle Zeit mehr, denn du erkennst dein Glücklichsein als Priorität und als Voraussetzung für deinen Erfolg an. Du hast verstanden: Wenn etwas in deinem Herzen nicht für dich passt, dann kann es nie ehrlich gut werden. Denn dein Herz bleibt auf der Strecke. Und wenn dein Herz nicht mit dabei ist, dann bist du es nicht.

Um dich also vor deinem Herzen selbst zu verwirklichen, bitte die Intuition um Hilfe und nutze sie so konkret und praktisch, wie du nur kannst! Wandle ihre Empfehlungen in alltagstaugliche Praktiken und Herangehensweisen um. Lass dich nicht mit Allgemeinplätzen abspeisen, sondern brich die erste Antwort durch Nachfragen so lange herunter, bis du einen konkreten Schritt kennst, den du tun kannst. Solange du keine praktischen Handlungsempfehlungen für dich aus dem Intuitionskontakt ableiten kannst, solange bleibe auch im Intuitionskontakt und geh tiefer. Hake bei deiner Intuition nach: »Was bedeutet das konkret? Wie mache ich das praktisch? Was soll ich also wirklich tun?« Wenn du jemand bist, dem die Zeit buchstäblich zwischen den Fingern zerrinnt, dann lass dir von der Intuition deinen Tag strukturieren. Lies dir selbst eine Agenda, die vom Aufstehen bis zum Schlafengehen reicht und jede Tätigkeit dazwischen auflistet. Frag deine Intuition, was du brauchst, um einen Rhythmus der entspannten Produktivität zu finden. Wenn du hingegen zu den Menschen gehörst, deren enges Korsett ihnen kaum noch Luft zum Atmen lässt und deren Tag minutiös durchgetaktet ist, dann bitte deine Intuition um Rat, wie du mehr Vertrauen in dich bekommst und deine Existenzängste überwinden kannst. In beiden Fällen wird deine Intuition dir zeigen, welche Tätigkeiten in deinem Business für deinen Unternehmenserfolg tatsächlich relevant sind und welche du streichen kannst. So wird sich dein Umgang mit Zeit entspannen. Über die Priorisierung, die du mithilfe deiner Intuition vollziehst, wirst du manche Projekte schneller abhandeln können, was wiederum mehr Zeit für anderes schafft.

Ganz am Anfang meiner Selbstständigkeit, als ich noch vermehrt Unternehmensberatungen angeboten habe, begleitete ich einen Firmeninhaber über einen Zeitraum von etwa einem Jahr. Wir hatten einen beinahe täglich stattfindenden Jour fixe, bei dem ich ihm die Agenda für den jeweils nächsten Tag las. Seine internen und externen Termine plante er anhand der Vorgaben seiner Intuition. So geschah es nicht selten, dass seine Intuition mit der Info aufwartete, er möge bitte diesen oder jenen Mitarbeiter anrufen oder sich mit dieser oder jener Kollegin auf einen kurzen Kaffeeplausch treffen. Diese Minihinweise der Intuition führten zu entscheidenden und nachhaltig positiven Wendungen im Unternehmen. Einmal forderte die Intuition den Unternehmensboss auf, er möge den Filialleiter eines bestimmten Standortes anrufen. Gesagt, getan. Am nächsten Tag berichtete mir mein Kunde: »Corinna, ich bin so froh über unsere tägliche Zeit! Sie ist bestens investiert! Stell dir vor, in der Filiale, die ich gestern angerufen habe, gibt es seit zwei Tagen ein Problem. Dort liegt eine riesengroße Reklamation vor, die den Gewinn unserer gesamten Gruppe drastisch schmälern könnte. Der Filialleiter war unsicher, ob er mich schon damit behelligen sollte. Doch nachdem ich ihn ›zufällig‹ angerufen hatte, um mich nach seinem Befinden zu erkundigen, schilderte er mir umgehend die Situation und wir fanden rasch eine gemeinsame Lösung. Nicht auszudenken, hätte er noch gewartet und aus Unsicherheit versucht, etwas in Eigenregie zu unternehmen.«

Du siehst also, dass deine Intuition dir viel Zeit ersparen kann. Und – indem du die Prioritäten für dich klarer definierst – auch viel Geld. Von Henry Ford stammt der Satz: »Ich weiß, dass 50 Prozent meiner Werbung rausgeworfenes Geld ist. Ich weiß nur nicht, welche Hälfte.« Stell dir vor, du wüsstest es. Stell dir vor, es gäbe da eine Quelle, die du anzapfen könntest, um zu wissen, welche Ausgaben für dein Unternehmen relevant sind und welche nicht. Ich schmunzle vor mich hin, während ich diese Zeilen hier für dich schreibe. Denn: Ab sofort weißt du es! Es gibt diese Ressource, die du nutzen kannst und die dir sagt, wie du dein Geld gut investieren kannst – ganz egal, ob es sich bei deinen Ausgaben um Investitionen für Ausbildungen, Geschäftslokale, Werbung oder Aktien handelt. Ich habe einen Kunden, den ich schon seit Beginn meiner Selbstständigkeit begleite. Ungefähr einmal pro Quartal vereinbart er einen Termin und wir lesen sein Portfolio. Nicht, dass ich etwas von Aktien, Anleihen oder Fonds verstehen würde. Muss ich auch nicht. Es reicht, dass ich Zugang zur Intuition habe und für jede Position lesen kann:»Halten, abstoßen oder beobachten.«

Riesengroße Freude machen mir auch die kleinen Siege: Als es darum ging, mein Auto zu verkaufen, recherchierte mein Mann den Marktwert meines Wagens, während ich die Intuition nach dem besten Verkaufspreis für ihn befragte. Meine Zahl war um 20 Prozent höher als jene meines Mannes. Wir boten den alten Flitzer zu meinem Preis an. Bereits am nächsten Tag war das Auto weg und in meinem Geldbeutel klingelte es.

Mehr Zeit, mehr Geld, mehr Vertrauen und mehr Sicherheit auf deinem Weg: Das bringt die praktische Anwendung deiner Intuition. Hier kommt nun mein letztes Beispiel dazu: Wie bereits erwähnt arbeitete ich zu Beginn meiner Selbstständigkeit vermehrt mit größeren Firmen. Wann immer ich die Anfrage eines Unternehmens bekam, durchlief ich intern – also mit mir und meiner Intuition – und extern im Kontakt mit den Unternehmen denselben Prozess. Zuerst der Erstkontakt:»Hallo Corinna, kannst du uns helfen? Wir haben ein Problem im Team und würden gern ein Teambuilding mit dir machen.« Ich hörte mir alles an, was von den Personalverantwortlichen, den Geschäftsführenden oder den

Abteilungsleitenden vorgebracht wurde. Anschließend besprach ich mich mit meiner Intuition. Ich klärte: »Ist das Unternehmen gut für mich? Bin ich gut für das Unternehmen? Worum geht es wirklich? Was braucht die Firma von mir? Welches Angebot soll ich machen?« Mir war es immer wichtig, dass der Auftrag nicht nur für mich gut war, sondern dass auch ich gut für die Menschen im Unternehmen war. Ich glaube an die Maxime, dass es langfristig zu mehr Erfolg führt, wenn nicht nur ich gutes Geld verdiene, sondern wenn den Menschen mit meiner Arbeit wirklich geholfen ist. In einfachen sowie komplexen Unternehmensstrukturen ist es auch wichtig zu verstehen, was das eigentliche Thema hinter dem Benannten ist. Wenn eine Personalverantwortliche mich anrief und um ein Teambuilding bat, dann war es für die Erstellung eines qualitativen Angebots wichtig zu verstehen, was das wahre Problem im Team war. Nur so war ich sicher, ein gutes Angebot machen zu können. Bei solchen Anfragen kam es dann meistens vor, dass meine Intuition mich wissen ließ, dass die Konflikte in der Abteilung stark aus der jeweiligen Teamführung entstanden. So konnte ich mir von meiner Intuition im nächsten Schritt auch ein Angebot schnüren lassen, das zuerst Einzelcoachings mit der Abteilungsleitung und später einen Teambuildingtag enthielt. Das feine Gespür, das ich dank dem exzellenten Briefing meiner Intuition bei den Verhandlungsgesprächen im Vorfeld entwickeln konnte, wurde fast immer besonders lobend erwähnt. Es war auch stets der Grund, mich zu engagieren. Selbstverständlich hatte ich neben den Inhalten des Angebots auch das Honorar abgefragt und ebenso, ob ich mich hierbei verhandlungsbereit zeigen sollte oder nicht. Dank meiner Intuition kannte ich exakt den Weg, den ich zu gehen hatte, um zu den besten Ergebnissen für mein Business zu kommen. Ich konnte vertrauensvoll agieren, denn ich kannte meinen Wert und konnte diesen kommunizieren. Ebenso spürte ich mit Gewissheit, dass ich mit meinen Angeboten echten Mehrwert für andere bieten konnte. Das alles machte mich glücklich.

Nutze auch du die Intuition mit so konkreten und für dein Leben praktischen Fragen. Der Zugang zur Intuition nutzt dir nämlich gar nichts, wenn du nicht in deinem wirklichen Leben in eine praktische Anwendung kommst. Es ist dein Privileg, die Intuition als Mentorin an deiner Seite zu haben. Gleichzeitig ist es deine Verantwortung, die Empfehlungen, die sie ausspricht, in die Umsetzung zu bringen.

MACHE DEINE INTUITION ZUR CO-CHEFIN

Die Abenteuer des Lebens gestalten sich am schönsten mit einer großartigen Unterstützung an deiner Seite. Wir haben bereits geklärt, dass du die Verantwortung für dein Leben trägst. Doch braucht sich diese Verantwortung nicht wie eine Bürde anzufühlen. Wenn du Veränderungen in deinem Leben initiieren möchtest, dann darf das auch leicht gehen. Nicht immer wird es easy-peasy sein, aber eine bleierne Schwere tut bei Wachstumsprozessen auch nicht gut. Daher mein Tipp: Mach deine Intuition zur Co-Chefin! Anstatt tägliche Teammeetings mit Verstand, Ego und Intuition zu haben, kannst du dich auch solo mit deiner Intuition treffen. Wenn dein Ego dann aufmuckt, scheuchst du es mit einem herzlichen, aber deutlichen »Raus« in sein kleines Kämmerchen zurück. Keine Angst, dass bei deinem Ego Narben bleiben.

Vielmehr lernt es durch deine klaren Ansagen dazu. Deine Intuition zur Co-Chefin zu machen, bringt etliche praktische Vorteile, wie mehr Zeit, mehr Geld, kürzere Entscheidungswege und eine bessere Unternehmensausrichtung. Und das sind nur die praktischen Vorteile auf der Geschäftsebene. Denn quasi nebenbei wirst du so – je öfter du mit deiner Intuition kommunizierst, ohne alle Beteiligten zu hören – lernen, dir selbst mehr zu vertrauen, dich mit deinem wahren Selbst zu verstehen und zu akzeptieren und dich mutiger – im Sinne von liebevoller, verletzlicher und authentischer – zum Ausdruck zu bringen.

Zu Beginn, als ich den Kontakt zu meiner Intuition fand, hinterfragte ich alles mit meinem Verstand. Oft genug mischte sich dabei mein Ego ein. Ich gab Raum und Zeit, um allen dreien gerecht zu werden. Von der Intuition kam ein Vorschlag, den mein Ego in der Regel schlechtmachte und mein Verstand argumentiert haben wollte. Irgendwann geschah es jedoch, dass ich Verstand und Ego bei den Besprechungen mehr und mehr außen vor ließ. Die Intuition hatte mir so viele gute Dienste erwiesen, mich zu so vielen richtungsweisenden und guten Entscheidungen gebracht, dass ich ihr (und somit natürlich mir) immer mehr vertraute. Ich entschied mich, damals noch unbewusst, sie zur Co-Chefin zu machen. An eine Situation erinnere ich mich dabei besonders: Ich befand mich mitten in der Ausbildung zur Trainerin und fragte meine Intuition nach dem nächsten Schritt. Sie meinte, ich sollte meine Teilnahme am nächsten Workshop canceln, bei dem ich als Trainerin in Ausbildung bei einem Kollegen vorgesehen war. Ich hinterfragte nicht. Meinen Verstand und mein Ego hatte ich nicht zu dieser Besprechung eingeladen. Als ich meinen Kollegen über die Absage informierte, war er nicht sehr angetan und wollte den Grund meiner Absage wissen. Ich antwortete: »Meine Intuition hat es mir geraten.« Natürlich wäre ich immer frei gewesen, mich gegen meine Intuition zu stellen und zu meinem Wort zu stehen. Doch in diesem Fall hatte ich mich gegen meinen Wert Verbindlichkeit gestellt und stattdessen der inneren Führung vertraut. Gut so. Denn noch in derselben Woche wurde ich überraschend zur Trainerin benannt und schloss die Ausbildung früher als geplant ab. Meine Intuition hatte also schon erkannt, dass die Assistenz bei meinem Kollegen nicht mehr stattfinden würde, und so dafür gesorgt, dass er früher als geplant auf die notwendigen Veränderungen reagieren konnte. Mein Verstand hatte das nicht gewusst und mein Ego mir nach dem Absagetelefonat sogar Schuldgefühle eingeredet. Doch tief in mir konnte ich fühlen, dass das der richtige Schritt gewesen war, noch bevor mein Verstand es offiziell wissen und nachvollziehen konnte. Im Nachhinein hatte ich es verstanden, im Vorhinein entschieden. Aber das Wichtigste an dieser Geschichte ist für mich die Art der Argumentation. So wie es heißt »›Nein‹ ist ein ganzer Satz«, so darf für dich ab sofort auch das Argument gelten: »Meine Intuition empfiehlt und ich folge.« Du wirst viel weniger angreifbar und reduzierst Diskussionen um ein Vielfaches, wenn du die simple Wahrheit in einem einzigen Satz deiner Intuition in dir spüren kannst und sie nicht mehr auf der Verstandesebene argumentierst. Der Verstand kann zerpflückt und infrage gestellt werden. Versuchen kann man es auch mit der Intuition, doch ankommen wird man gegen sie nicht. Zumindest nicht dann, wenn du ihre Wahrheit in deinem Herzen spürst und so klar in dir bist. Dafür ist es notwendig, dass du dich auf sie einlässt. Geh erste Schritte mit deiner Intuition und mach positive Erfahrungen. Dann wirst auch du erkennen können, dass es wundervoll ist, eine kompetente und herzliche Co-Chefin an deiner Seite zu haben. Und du wirst dich auf sie einlassen wollen. Die Verantwortung bleibt nach wie vor bei dir. Von daher darfst du auch verstehen, dass du ihr einen Vertrauensvorschuss geben darfst und dich auf sie einlassen musst und nicht umgekehrt. Das ist die Entscheidung, die du als Vorgesetzter und Inhaberin zu treffen hast. Du ermächtigst deine Intuition. Für diesen Schritt wirst du mit einem erfüllten Leben belohnt.

Als Co-Chefin kann deine Intuition jedoch so viel mehr als nur Fragen beantworten und dir Entscheidungshilfe sein. Sie kann als Wegweiserin auf ganz anderen Ebenen dienen. Konkret und praktisch kannst du deine Intuition darum bitten, dir deinen Fokus, deine Richtung und Prioritäten für dein Jahr, deinen Monat, deine Woche und deinen Tag zu nennen. Oder du kannst dir von ihr die Fragen zu deiner größeren Aufgabe hier auf der Welt liefern lassen, die zu klären gerade wichtig für dich sind. Frag sie nach der richtigen Frage, wenn du im Dickicht einer Informationsflut gefangen bist. Sie wird dich sicher lotsen. Du kannst deiner Intuition jede Frage stellen und ich meine wirklich jede Frage, die mit dir in Zusammenhang steht. Das geht sogar so weit, dass du fragen kannst: »Was ist jetzt die richtige Frage, die den Turnaround schafft?« Manchmal laufen in meinem Kopf Selbstgespräche ab und dann denke ich mir: »Ach, wenn ich doch nur wüsste, was ich will. Wenn ich wüsste, ob mich eher dies oder jenes glücklich macht, dann ginge es mir besser.« Manchmal muss ich dann über mich selbst schmunzeln, weil sogar ich zuweilen vergesse, dass ich jede Frage im Inneren klären kann. Wenn es mir dann wieder einfällt, frage ich meine Intuition: »Was will ich denn gerade?« Den Sinn meines

Lebens kenne ich dank meiner Co-Chefin. Und auch meine Bettdecke, in die ich mich jeden Abend voll Wonne kuschle, hat sie mir empfohlen.

Wenn du deine Intuition zur Co-Chefin ernennst, dann wird dein Job in der Führung noch deutlicher: Du sorgst für die Umsetzung. Fühlen und machen. So kommst du an den echten Punkten deines Lebens in die Umsetzung. Deine Intuition weiß es so viel besser als du. Folge ihr. Du willst deine Berufung leben und fragst sie, wie der nächste Schritt aussieht, damit dies gelingt? Hör ihr zu. Setze um.

Ein Business mit Intuition zu führen, bedeutet Liebe pur. Liebe für dich genauso wie Liebe für andere. Du liebst dich selbst. Du erschaffst ein Unternehmen und ein Leben, das sich um dich herum entfalten darf. Du verbiegst dich nicht, um irgendwelche Normen zu erfüllen oder Anforderungen zu entsprechen. Du bringst dich selbst zum Ausdruck. Mit den Angeboten, die du aus ganzem Herzen geben kannst. Du liebst, was du tust! Du bist gut in dem, was du tust. Du hilfst damit anderen. Du verdienst damit dein Geld.

Schluss

DEINE INTUITION IST RATGEBERIN, HEILERIN UND ERFÜLLUNGSGEHILFIN

Lesen der Intuition, Körperpendel und Schreiben mit Intuition sind die schnellen und unkomplizierten Möglichkeiten, um zu guten Einsichten in Bezug auf dich selbst, dein Leben und dein Business zu gelangen. Du wirst Unglaubliches damit bewegen. In meinen Augen ist das jedoch nur die Spitze des Eisbergs. Was ich damit meine: Dir Empfehlungen deiner Intuition zu holen und sie um Rat in jeder Lebenslage zu bitten, ist erst der Anfang. Es ist ein großartiger Anfang, denn du richtest dich nach innen. Doch betrachte es lediglich als Beginn deiner schönsten Reise zu dir selbst. Wenn du die bisherigen Informationen in die Umsetzung gebracht hast, dann wirst du erlebt haben, wie mächtig du bist und dass du die Expertin oder der Profi für dich selbst bist. Durch die innere Arbeit wirst du eine sich stetig weiter entfaltende Kompetenz für dich entwickeln und deutlicher spüren, was dir guttut und was du in jedem einzelnen Moment brauchst. Wenn du dieses Level mit dir selbst erklommen hast, bist du so weit, um die Intuition dazu zu nutzen, noch viel mehr zu erreichen.

Von der Intuition empfängst du nicht nur Rat. Sie hilft dir zudem dabei, deine emotionalen Verletzungen zu heilen. Sie zeigt dir Mittel und Wege, einen Perspektivwechsel zu vollziehen und langjährige Wunden zu kurieren. Jeder Genesung geht ein Wandel, eine Transformation voraus und diese Veränderung kannst du mit deiner Intuition aktiv gestalten. So bist du nicht mehr länger auf ein leider falsches Sprichwort angewiesen, das da lautet: »Die Zeit heilt alle Wunden.« Sondern du entscheidest eigenständig, welche schmerzlichen Gedanken, Überzeugungen und Erlebnisse du selbstwirksam, mit deinen jüngst erworbenen inneren Fähigkeiten, neu definierst. So wird deine Intuition nicht nur zur Ratgeberin, sondern auch zur Heilerin und in weiterer Folge zur Erfüllungsgehilfin für dich und deine Träume.

Mein Leben hat sich dank der kontinuierlichen Arbeit mit meinem Inneren radikal verändert. Oft kann ich selbst kaum glauben, wie stark ich mich gewandelt habe und zu welcher Person ich heute geworden bin. Mithilfe meiner Intuition und der Zuwendung nach innen konnte ich Neues in meinem Leben erschaffen, auf eine Art und Weise, wie ich es nie für möglich gehalten hätte. Ich kann ehrlich sagen: Heute bin ich nicht mehr dieselbe wie vor zehn Jahren. Heute bin ich ausgeglichener, in mir ruhender, vertrauensvoller, erfüllter, glücklicher. Es hat lange gedauert, bis ich zu dem Menschen geworden bin, den ich mag und respektieren kann. Geschehen konnte dies, weil ich an mir gearbeitet habe und es nach wie vor kontinuierlich tue. Weil ich mich ausprobiert und mithilfe meiner Intuition wieder und wieder dieselben Wege beschritten habe, um zu nachhaltigen und dauerhaften Lösungen zu finden. So konnte ich den Menschen Corinna neu erschaffen.

Für dich gibt es dieselben Möglichkeiten: Jede Form des Kontakts mit deiner Intuition wird auch dich tiefer mit dir verbinden und dich dein inneres Selbst besser verstehen lernen und annehmen lassen. Das ist enorm wichtig, denn nur aus dem Verständnis und der Akzeptanz heraus, wer und was du in Wahrheit bist, kannst du anschließend Neues entstehen lassen. Neues, das dich erfüllt. Etwas Wahres, das dich zum Erblühen bringt, soll wachsen. Dein wahres Selbst darf Ausdruck finden in deinem Business und in deinem Leben. Balanciert zwischen innen und außen. Deiner Führung folgend sollen Verstand und Intuition Großes erschaffen.

Ich möchte dich dafür begeistern und dich einladen, weiter auf der Metaebene zu gehen und die Intuition dahingehend zu nutzen, emotionale Wunden zu heilen, dein Goldnugget freizulegen, anzukommen bei dir selbst und dein wahres, glückliches, erfülltes Ich zu erschaffen.

In deinem Inneren bist du heil, bist du ganz. Du bist aus einer Quelle entstanden, die hochschwingt, pur und rein ist. In deiner Essenz bist du universelle Liebe. Um diesen Kern, dein Goldnugget, hat sich ein Mensch in der dualen Welt geformt. Doch im Kern trägst du die universelle Unschuld. Du bist ein Tropfen aus dem Meer. Du bist nicht das Meer, doch du trägst das ganze Universum des Meeres in deinem Tropfen. Daran darfst du dich erinnern: Dass etwas Größeres in dir wirkt und dass du dich mit jedem einzelnen Intuitionskontakt an dieses Größere in dir anbindest. Jeder einzelne Intuitionskontakt wird dich deiner innersten Wahrheit, deiner universellen Quelle näherbringen und führt dich so näher nach Hause.

ICH BIN DANKBAR FÜR DICH!

Je mehr Menschen ihren Weg nach Hause finden, umso mehr werden Liebe und Frieden Einzug halten in unser aller Leben. Freude, Harmonie, Fülle, Zugehörigkeit – all das sind hochschwingende Energien, die uns allen zur Verfügung stehen. Höhere Energie sorgt dafür, dass sich niedrigere Energien anpassen müssen, die höchste Frequenz obsiegt. Je mehr Menschen sich ihrem Selbst annähern und in die Einheit zurückfinden, umso mehr Menschen werden folgen können. Bei meinen Ausbildungsangeboten erlebe ich dieses Phänomen immer wieder aufs Neue: Die nächste Generation an Auszubildenden durchläuft den Weg der Transformation jedes Mal schneller und leichter. Die vorangegangenen Trainees haben den Weg geebnet für die Nachfolgenden. In diesen Momenten, wenn wir am Ende einer gemeinsamen Ausbildungswoche im Kreis sitzen, verspüre ich eine unermesslich tiefe Dankbarkeit. Eine Dankbarkeit, dass sich immer mehr Menschen auf ihren Weg der Selbstfindung und Selbstverwirklichung machen. Weil wir so nicht nur das Göttliche in uns finden, sondern es darüber hinaus für alle freier zugänglich machen.

Es ist dieselbe Dankbarkeit, die ich nun für dich empfinde. Ich bin dankbar für dich! Dankbar, weil du in deine Kraft gehen möchtest. Weil du dich mutig ausprobierst, scheiterst, Tränen wegwischst und weiter übst. Weil du dich in dich hineinöffnest und den inneren Weg gehst. Der einzige Weg, der zu Erfüllung und damit zu Fülle in allen Lebensbereichen führt. Du bist so viel schöner, größer und stärker, als du es dir im Moment vorstellen kannst. Deine Kraft ist unermesslich. Erlaube dir, deine Vision von deiner besten Zukunft zu erweitern und dich für das Feld der Möglichkeiten zu öffnen und so – zum höchsten Wohl für dich und für alle – über dich selbst hinauszuwachsen.

Ich bin dankbar und so hoffnungssicher für unsere Zukunft. Jetzt ist der Wandel da, nach dem sich unsere Herzen schon so lange sehnen.

ÜBER DIE AUTORIN

Corinna Maria Pfitzer ist Intuitionstrainerin, Selbstverwirklichungscoach, Unternehmensberaterin und Entwicklerin der Lesen der Intuition-Technik. Bereits in ihrer Kindheit und Jugend befasste sich Pfitzer mit den existenziellen Fragen des Lebens. Für sie war und ist es wichtig, einen Beitrag zu einer besseren Welt und ein sinnstiftenderes Leben für Menschen zu leisten. Pfitzer entschied sich schon früh für den Karriereweg in der Überzeugung, über internationale Kontakte und durch multinationales Agieren einen wirksamen Beitrag in der Welt leisten zu können. Sie beschloss, die Welt der Wirtschaft – als Sinnbild für die Welt der Materie – verstehen zu wollen und schloss zwei Studiengänge in Rekordzeit und mit Bravour ab. Ebenso schnell begann Pfitzer danach, die Karriereleiter zu erklimmen. Sie hat mehr als zehn

Jahre Marketing- und Managementexpertise inkl. Führung von Mitarbeitenden vorzuweisen. Von ihren Vorgesetzten wurde sie als High Potential gefeiert. Doch begleitete sie dabei anhaltend ein nagendes Gefühl von Sinnleere. Mehr und mehr profunde Ausbildungen in den Bereichen Kommunikation, Führung und persönlicher Weiterentwicklung ließen Corinna Maria Pfitzer verstehen, dass sie ihren Beitrag nicht innerhalb gewohnter Unternehmensstrukturen würde leisten können. So wagte sie 2015 den beherzten Schritt in die Selbstständigkeit. Der Turnaround von der Managerin zur Selbsthilfeexpertin gelang auf Anhieb. Von Beginn an postulierte Pfitzer den Weg nach innen als Schlüssel zur Erfüllung auf privater und beruflicher Ebene. Aus zahlreichen erprobten Methoden entwickelte Pfitzer schließlich ihren eigenen Weg: den Zugang zur echten Intuition. Sie schuf die Technik des Lesens der Intuition als Resultat ihrer über zwanzigjährigen Suche nach Sinn und Erfüllung. In ihren Beratungen von Wirtschaftstreibenden, Selbstständigen, Unternehmern, Ärztinnen, Coaches, Führungskräften, Künstlern und Vordenkerinnen nutzt Pfitzer den Weisheitsschatz der Intuition gepaart mit unternehmerischem Geschick und ihrer Fähigkeit, mit minimalem Aufwand maximalen Ertrag auf materieller und immaterieller Ebene zu erzielen. Sie vermittelt leidenschaftlich gern ihre Technik, um auch anderen Menschen den zweifelsfreien Zugang nach innen – und so ein geistiges Erwachen – zu ermöglichen. Sie tut dies in Präsenzausbildungen, Onlineworkshops und nun auch in Buchform. Corinna Maria Pfitzers Vision ist es, Menschen wieder in Kontakt mit sich selbst zu bringen, um so aus der Tiefe der eigenen Wahrhaftigkeit heraus Frieden und Liebe zu finden und sich damit beruflich in der Welt zu zeigen und zu verwirklichen.

LUST AUF EIN READING?

Suchst du nach klaren Antworten und unterstützenden Lösungen?

Möchtest du fühlen, wie es ist, wenn deine Intuition zu dir spricht?

Willst du zweifelsfreie und spürbar nachvollziehbare Informationen aus deinem Inneren erhalten?

**Gerne bin ich die Dolmetscherin deiner Intuition.
Komm zum Reading!**

https://www.corinnamariapfitzer.com/reading/

LITERATURNACHWEIS

[1] Melinda Gates: Der Mensch Bill Gates. Netflix Dokumentation, 2019.

[2] Daniel Kahneman: Schnelles Denken, langsames Denken. Penguin, 2016.

[3] Joe Dispenza: Du bist das Placebo. Bewusstsein wird Materie. Koha, 2014.

[4] Philip Meissner: Entscheiden ist einfach: Wenn man weiß, wie es geht. Campus, 2019.

[5] Diana und Michael Richardson: Zeit für Gefühle. Die Krux mit den Emotionen in der Partnerschaft. Innenwelt, 2016.

[6] Paul Ekman: Emotions Revealed. Recognizing Faces and Feelings to Improve Communication and Emotional Life. Holt Paperbacks, 2007.

ENTDECKE
WEITERE BÜCHER IN UNSEREM
ONLINE-SHOP

www.remote-verlag.de